그때 아이에게 들려줘야 할 말

그때 아이에게
들려줘야 할 말

심리학자 아빠와
교육학자 엄마에게 배운
성장 대화법

윤여진 지음

길벗

프롤로그

매일 정성껏 들려주는 말이
성장의 씨앗이 됩니다

"사람이 언어를 가지고 있다는 것은 축복이다. 왜냐하면 언어는 사람이 가지고 있는 가장 아름답고 소중한 감정인 사랑을 담을 수 있기 때문이다. 질그릇이든 깨진 함지박이든, 투박하든 부드럽든, 고급지든 그렇지 않든, 사랑을 담음으로 해서 언어는 빛난다."

제가 결혼할 때 엄마는 저를 위해 책을 써주셨습니다. 그 책에 들어 있던 문구입니다. 저희 부모님은 말의 힘을 믿으셨습니다. 특히 국어를 전공한 교육학자인 엄마는 매일 하고 듣는 말이 사람의 운명을 바꾼다고 생각하셨습니다. 가난한 편모슬하의 7남매 중 막내였던 엄마는 사랑과 감사의 말로 삶과 가정을 행복으로 채우고 커리어의 정점을 찍으셨습니다.

엄마는 "고맙다" "사랑한다"는 말을 입에 달고 사셨습니다. 아빠의 꿈을 위해 온 가족이 미국으로 건너가 생계유지를 위해 고되게 일하실 때도 가장 많이 하신 말씀입니다. 그래서 저는 어려운 경제 사정 속 부모님의 고군분투를 잘 알지 못했습니다. 물론 보통의 모녀처럼 엄마와 저도 갈등하고 부딪히는 순간이 많았지만, 언제나 그 끝은 감사와 사랑이었습니다. 엄마가 평생 주문처럼 외우신 말들이 우리 관계를 지켜준 셈이죠.

성인이 된 후, 오롯이 혼자서 세상에 맞부딪힐 때는 엄마의 낙관주의가 불편하기도 했습니다. 엄마의 긍정성이 때로 지나치게 이상적으로 느껴졌거든요. 하지만 엄마가 반복적으로 들려준 감사와 사랑의 말이 가장 힘든 순간마다 제 삶을 지탱하는 힘이 되어주었습니다.

"네가 행복하면 아빠도 행복해."

한편 심리학자인 아빠는 항상 저에게 이렇게 말씀하셨습니다. 말뿐이 아니라 도전에 실패하거나 다시 일어서는 것이 막막할 때, 아빠는 저의 행복과 만족을 가장 우선으로 여길 수 있도록 도와주셨습니다. 미국에서 박사 과정을 하던 도중에 한국으로 돌아왔을 때도, 서울대에서 박사 과정을 하면서 인스타그램을 한다고 법석을 떨 때도, 박사학위를 받고 사업을 한다고 모험할 때도 든든한 제 편이셨습니다. 덕분에 저는 부모님이나 남의 눈치를 보며 인정받으려 애쓰기보다 제가 원하는 삶을 개척할 수 있었습니다. 외부의 평가가 아닌, 내면의 목소리에 귀 기울일 수 있도록 이끌어주신 덕분이지요. 넘어지고 깨지는 시행착오에서 저를 지탱한 것은 부모님이 평생 해주신 말들이었습니다.

부모가 아이에게 반복해서 들려주는 말은 단순한 응원을 넘어, 아이 내면에 남아 메아리치는 목소리가 됩니다. 부모의 말은 아이를 지탱해주는 아군이 될 수도 있고, 아이를 비판하는 적이 될 수도 있습니다. 부모가 줄 수 있는 가장 값진 선물은 사랑이 담긴 말로써 평생 함께하는 내면의 아군을 만들어주는 것입니다. 그래서 저도 아이에게 내면의 힘을 키우는 긍정적인 말을 자주 들려주려고 노력합니다.

아이가 자랄수록
필요한 말이 달라집니다

≈

제가 부모님께 듣고 자랐던 말, 지금은 제 아이에게 들려주는 말을 접한 주변인들의 제안으로 SNS에 아이에게 들려주면 좋은 말들을 제안해왔습니다. 그러나 SNS의 특성상 그 말이 아이에게 왜 중요한지 깊이 설명할 수가 없었지요. 그래서 이 책을 통해 아이의 발달단계에 따른 적합한 말을 정리했습니다. 성장 단계별로 아이가 획득해야 하는 능력이 있습니다. 그 시기에 도움이 되는 말을 정리해, 아이가 건강하고 행복하게 성장할 수 있도록 돕는 데 초점을 맞췄습니다.

발달 심리학과 뇌과학 연구에 따르면, 부모의 언어 자극은 아이의 뇌 발달과 정서 형성에 깊은 영향을 미칩니다. 부모에게 좋은 말을 들은 아이는 더 건강한 자아상을 발달시키고, 어려움 속에서도 스스로를 지탱할 힘을 키워갑니다.

책에서는 연구에 기반하여 아이의 발달단계에 가장 필요한 말들을 성장 순서대로 정리했지만 아이마다 성장 속도가 다르기에 몇 살에 그 말을 들려줘야 한다는 명확한 경계는 없습니다. 중요한 것은 '좋은 말을 반복해서 들려주는 것'입니다. 좋은 말은 좋은 말 위에 쌓입니다. 발달은 점이 아니라 선이며, 오늘의 말이 내일의 말과 연결됩니다. 부모가 해준 좋은 말들은 상호작용하며 아이의 마음속에 자리 잡습니다. 그러니 이 책에서 소개하는 좋은 말들을 커가는 아이에게 천 번, 만 번 반복해서 들려주세요. 그렇게 내면에 쌓인 말들은 아이가 인생을 살아가는 데 두고두고 힘이 될 것입니다.

매일 한마디 말로 아이 마음에
성장 씨앗을 심으세요

≈

아이를 사랑하는 마음이 가득한 부모도 결국 사람입니다. 사람은 누구나 실수를 합니다. 스트레스 상황에 나도 모르게 아이에게 욱하고 버럭할 때도 있을지 모릅니다. 하지만 몇 번의 실수가 아이를 망치지는 않습니다. 중요한 것은 어제보다 나아지려는 마음입니다. 실수했다는 자책감에 좌절하기보다, 실수를 딛고 매일 조금씩 나아지려 노력하는 자세가 필요합니다.

그렇다고 부모의 말이 별로 중요하지 않다거나 아무렇게나 말해도 된다는 의미는 아닙니다. 부모의 말은 아이의 성장과 발달에 있어 가장 큰 무게를 지니며, 부모의 마음을 전할 수 있는 가장 강력한 도구라는 점을 잊지 마세요. 그러니 작은 실수에 지나치게 연연하지 마시되, 좋은 말을 선택하기 위해 최선을 다해주세요.

내가 자랄 때 들어본 적 없었던 좋은 말을 아이에게 반복해서 들려주는 여정은 부모에게도 새로운 도전이자 배움일 수 있습니다. 처음부터 잘할 수 없을지도 모릅니다. 하지만 내가 듣지 못한 말을 아이에게 해보려는 시도 자체가 큰 사랑입니다. 아이에게 사랑의 말을 베풀어주세요. 그리고 그만큼 자신에게도 사랑의 말을 들려주세요. 그 과정에서 부모와 아이는 함께 성장할 것입니다.

이 책은 "잘했어!"나 "최고야!" 같은 단순한 칭찬을 넘어, 각 성장 단계별로 아이에게 꼭 들려주어야 할 말들을 담았습니다. 아이는 부모의 말을 듣고 그 시기에 획득해야 할 심리적 토대를 단단하게 다지며 성장할 수 있습니다. 혹시라도 그동안 아이에게 충분히 들려주지 못한 말이 있더라도 걱정하지 마세요. 좋은 말은 언제 들려주어도 늦지 않습니다. 비어 있는 부분이 있다면 지금이라도 아이에게 자주 들려주세요. 부모가 뿌린 좋은 말의 씨앗은 아이의 마음속에 무럭무럭 자라, 앞으로의 삶에서 든든한 뿌리가 되어줄 것입니다.

차례

프롤로그 매일 정성껏 들려주는 말이 성장의 씨앗이 됩니다 **005**

Part 1
유아기, 자기긍정감을 키워주는 말

Step 1 자기긍정감의 토대가 되는 말

안정 애착 019

무심코 하는 생각 '꼭 말로 해야 알까?'
들려줘야 할 말 "세상에서 가장 사랑해."

자기 가치감 030

무심코 하는 생각 '내가 좋은 부모가 될 수 있을까.'
들려줘야 할 말 "엄마 아빠에게 와주어서 고마워."

Step 2 감정을 발견하고 관계의 즐거움을 알려주는 말

감정 수용 037

무심코 하는 말 "그만 울어. 뚝!"
들려줘야 할 말 "울어도 괜찮아."

감정 조절 045

무심코 하는 말 "화낼 일 아니야. 그만해!"
들려줘야 할 말 "얼마나 화가 날까! 그럴 수 있어."

조망 수용 057

무심코 하는 말   "양보해야 같이 놀지."
들려줘야 할 말   "양보 안 하고 싶은 마음을 이해해."

사회적 유대감 067

무심코 하는 말   "이것만 하고 같이 놀자."
들려줘야 할 말   "너와 함께 노는 게 너무 재밌어!"

Step 3   감정 조절과 사회성을 기르는 말

감정 인식과 표현 075

무심코 하는 말   "오늘 재밌었어?"
들려줘야 할 말   "오늘 가장 속상한 일은 뭐였어?"

감정 조절 전략 082

무심코 하는 말   "짜증 그만 내!"
들려줘야 할 말   "기분이 안 좋을 때는 어떻게 해주면 좋겠어?"

책임감 091

무심코 하는 말   "부모가 그럴 수도 있지!"
들려줘야 할 말   "엄마 아빠가 미안해."

갈등 해결 099

무심코 하는 말   "그게 대체 무슨 말이야?"
들려줘야 할 말   "엄마 아빠와 너의 생각이 다를 수 있어."

Step 4 자기 이해와 주도성을 성장시키는 말

긍정적 자기 개념   107
무심코 하는 말   "더 잘할 수 있잖아!"
들려줘야 할 말   "너는 세상 하나뿐인 특별한 존재야."

자기 수용과 자기 연민   113
무심코 하는 말   "이것만 고치면 완벽해!"
들려줘야 할 말   "너의 약점도 소중해."

자율성 증진   124
무심코 하는 말   "그건 네가 할 수 없어."
들려줘야 할 말   "네가 원하는 대로 해봐."

자기 인식   133
무심코 하는 말   "엄마 아빠 말 들어."
들려줘야 할 말   "네가 선택해볼래?"

Step 5 자신감과 독립심을 키우는 말

자기 효능감   141
무심코 하는 말   "조심하라고 했지!"
들려줘야 할 말   "누구나 실수할 수 있어."

자존감   149
무심코 하는 말   "그냥 이걸로 하자."
들려줘야 할 말   "네가 좋아하는 것을 알려줘!"

긍정 강화   159
무심코 하는 말   "아직도 혼자 못 하면 어떡해."
들려줘야 할 말   "혼자서 해낼 수 있는 게 이렇게 많다니!"

용기 증진   167
무심코 하는 말   "잘할 수 있지? 힘내!"
들려줘야 할 말   "새로운 일을 할 때 무서운 건 당연한 거야."

Part 2
초등기, 사회 속 자신감을 키워주는 말

Step 6 도전 정신과 잠재력을 성장시키는 말

내적 동기 부여　　　　　　　　　　　　　　　　　　　　　177

무심코 하는 말　"이러면 친구들보다 뒤처져."
들려줘야 할 말　"지난번보다 얼마나 성장했는지 볼까?"

귀인 이론　　　　　　　　　　　　　　　　　　　　　　　184

무심코 하는 말　"왜 자꾸 실수해?"
들려줘야 할 말　"처음부터 잘하는 사람은 없어."

성장 마인드셋　　　　　　　　　　　　　　　　　　　　　193

무심코 하는 말　"재능이 없나 봐."
들려줘야 할 말　"'아직' 못 하는 거야."

과정 지향적 학습　　　　　　　　　　　　　　　　　　　　202

무심코 하는 말　"덤벙대니까 결과가 이렇지."
들려줘야 할 말　"실패는 끝이 아니라 과정이야."

Step 7 회복 탄력성과 책임감을 기르는 말

정서적 지지　　　　　　　　　　　　　　　　　　　　　　213

무심코 하는 말　"그건 네가 잘못했네."
들려줘야 할 말　"엄마 아빠는 언제나 네 편이야."

사회적 유연성　　　　　　　　　　　　　　　　　　　　　221

무심코 하는 말　"얼마나 더 공평하게 해야 해!"
들려줘야 할 말　"언제나 공평할 수는 없어."

문제 해결력 229

무심코 하는 말 "이건 네가 해결 못 해."
들려줘야 할 말 "어떤 문제든 해결 방법이 있어."

실패 수용 236

무심코 하는 말 "왜 이렇게밖에 못 했어?"
들려줘야 할 말 "때로는 결과가 마음에 안 들 수 있어."

Step 8 자기조절력과 의사결정 능력을 키우는 말

협력적 문제 해결력 245

무심코 하는 말 "엄마 아빠가 상의해볼게."
들려줘야 할 말 "가족회의를 해볼까?"

결정과 책임 의식 254

무심코 하는 말 "그렇게 하면 결과가 뻔해."
들려줘야 할 말 "그걸 선택하면 어떻게 될까?"

자기반성 260

무심코 하는 말 "그렇게 복잡하게 생각할 거 없어."
들려줘야 할 말 "왜 그렇게 생각했어?"

메타인지 265

무심코 하는 말 "절대 포기하지 마!"
들려줘야 할 말 "그만두는 것은 큰 용기야."

에필로그 삶을 충만하게 채우는 것, 행복할 능력   273
참고 문헌   283

Part 1

유아기,
자기긍정감을
키워주는 말

Step 1

자기긍정감의 토대가 되는 말

아이에게 "사랑해"라는 말을 하루에 몇 번이나 하나요? 사랑 표현은 부모와 자녀 사이에 안정적인 애착을 형성시키는 데 가장 중요한 요소입니다. "사랑해"라는 말은 아이의 마음속 깊이 새겨지는 영혼의 메시지입니다. 더불어 진심 어린 감사의 표현은 부모의 깊은 애정과 믿음을 전달하여 자존감이 형성되도록 돕습니다.

말이 통하지 않는 어린 시절부터 의식적인 노력을 기울여 부모의 사랑을 표현해주세요. 부모와 든든한 사랑의 끈이 연결되었다는 감각은 이 낯선 세계에 떨어진 지 얼마 되지 않은 아이에게 긍정적인 정서를 쌓아가는 튼튼한 기반이 된다는 점을 기억해주세요. 일상이 바쁘고 육아가 힘들더라도 부모와의 관계에서 기본값은 사랑과 감사임을 아이가 알게 해주세요. 이는 부모와 아이가 서로의 마음을 확인하고 행복을 나누는 긍정 정서의 시작입니다.

안정 애착

· 무심코 하는 생각 ·
'꼭 말로 해야 알까?'

· 들려줘야 할 말 ·
"세상에서 가장 사랑해."

    이제 막 돌을 지난 아이는 여전히 사랑스럽습니다. 아장아장 걸어 다니며 귀여운 짓도 곧잘 합니다. 하지만 이때부터 사고도 본격적으로 치기 시작하죠. 여기저기 건드리고 다니면서 쏟고 깨뜨리고 어지럽힙니다. 밥 먹다가도 딴짓을 합니다. 감정을 강하게 표현하고 다른 사람이 알아주기를 원하기도 하죠.

    이 시기 부모는 안전 때문에, 행동을 바로잡아 주기 위해 "안 돼"라는 말을 하게 됩니다. 아이에게 가장 많이 하는 말이 무엇인지 곰곰이 생각해보세요.

    충남교육청이 2023년 어린이날을 앞두고 충남 지역 초등학교의 2~6학년 학생 2,579명을 대상으로 실시한 설문조사에 의하면 아이가 부모에게서 가장 듣고 싶어 하는 말은 "사랑해"라고 합니다. 초등학생들도 부모의 애정 표현을 중요하게 여기는데 더 어린 아이는 어떨까요?

물론 아이를 사랑하지 않는 부모는 없겠죠. 그 마음은 "사랑해"라는 한마디 말로는 다 표현이 되지 않을 정도로 특별합니다. 원부모나 친구, 연인 혹은 배우자에게서 느꼈던 사랑과는 차원이 다른 깊이에 초보 부모는 깜짝 놀라기도 합니다. '모성애' 혹은 '부성애'라는 용어가 따로 있을 만큼 본능에 가까운 애정이죠. 하지만 이러한 사랑을 언어로 표현하는 데는 연습이 필요합니다.

"윤우야!"
"사랑한다고?"
"아닌데."
"많이 사랑한다고?"
"땡."
"세상에서 가장 사랑한다고?"
"딩동댕."

아이와 저는 아주 어렸을 때부터 시작한 '사랑해 놀이'를 지금도 자주 합니다. 처음에는 제가 먼저 길을 걷다가, 놀다가, 밥을 먹다가, 대화하다가 아이 이름을 부르고 "사랑해" 하고 말했습니다. 그러면 아이도 눈과 입을 둥그렇게 굴리며 "사랑해"라고 대답을 하곤 했죠.

아이가 크고 해를 거듭하다 보니 이 놀이도 진화했습니다. 어떤 순간이든 기습적으로 서로를 부르고 재빠르게 "사랑해"라고 하는 사람이 이긴다거나 앞의 대화처럼 '어떤' 사랑해인지 맞히는 식이지요. 한바탕 '사랑해 놀이'를 주고받다 보면 결국 둘 다 깔깔거리며 웃음을 터트리고 기분이 좋아집니다.

세대를 넘어 이어지는 사랑의 언어

≈

아이는 아침에 일어나자마자, 기관에 가기 위해 집을 나서고 돌아왔을 때, 놀거나 밥을 먹거나 길을 걷다가, 또 하루를 마치고 자기 전에 등 셀 수 없이 많은 상황에서 "사랑해"라는 말을 듣고 자랐습니다. 특히 아침에 헤어질 때나 하루 일과를 끝내고 다시 만날 때, 그리고 자기 전에는 온 가족이 서로에게 사랑한다고 외칩니다.

그런 환경에서 자란 아이는 스스럼없이 "사랑해"라고 말하며 사랑을 주고받는 데 편안하고 익숙한 사람으로 성장하고 있습니다. 마흔이 넘은 저 역시도 예순이 넘은 부모님과 통화를 하거나 만나거나 헤어질 때 사랑한다는 말을 주고받습니다. 부모와의 상호작용에서 배운 사랑의 언어를 아이와 이어가고 있는 셈이죠.

"그걸 꼭 말로 해야 아나."

어르신들이 자주 하는 말씀이죠? 물론 애정 어린 행동을 하고 안정적인 환경을 제공하는 것 역시 사랑을 표현하는 한 방법입니다. 하지만 인간은 기본적으로 개인주의적인 동물이고 인간관계는 복잡합니다. 자신의 욕구와 필요가 가장 앞서기에 타인의 감정과 생각을 읽어내려면 신경 써서 노력을 해야 하죠. 특히 부모와 아이의 관계는 순간순간 굉장히 역동적으로 변합니다. 타인의 감정에 대한 공감 능력이 미숙한 아이에게는 부모의 애정 어린 행동보다는 "안 돼"라는 말이 더 와닿습니다. 게다가 육아의 과정에서 크고 작은 갈등 상황이 수시로 생기지요. 눈빛만으로도 사랑한다는 것을 아는 좋은 시간도 있지만 서로의 사랑을 의심하는 불편하고 고통스러운 시간도 존재합니다. 서로 사랑하는 것을 어렴풋이는 안다고 해도 일상에서는 잊히기 쉽습니다.

시시각각 변하는 관계 속에서 언어로 표현되지 않은 감정은 왜곡될 때가 많습니다. 분명히 사랑하는 관계인데 오해가 쌓여 서로를 외면하거나 미워하게 되는 경우가 생깁니다.

그래도 아직은 부모가 세상의 전부인 어린 아이에게 '사랑해'라고 말하는 것은 비교적 쉽습니다. 말도 제대로 못 하는 아이가 방긋 웃어주면 사랑한다는 말이 저절로 나오기도 합니다. 부모에게 사랑받고 부모를 사랑하는 것이 세상에서 가장 중요한 아이 역시 "사랑해"라는 말을 쉽게 합니다.

아주 어려서부터 서로에게 언어로 사랑을 표현하는 연습을 해야 합니다. 이렇게 쌓아올린 사랑의 언어는 아이가 커가면서 직접적인 사랑 표현이 어려운 순간에 빛을 발합니다.

세상에서 가장 많이, 무조건적으로 사랑해주는 사람

≈

아이를 '어떻게' 키워야 '잘' 키우는 것일까요? 엄마 아빠는 아이가 빠르게 변하는 시대에 잘 적응하기를 바라며 노력하지만 넘쳐나는 정보와 시시각각 변하는 '육아법'으로 인해 갈팡질팡하며 마음이 더 불안해집니다.

1977년부터 2000년까지 시행된 43개의 연구를 비교 분석(메타 분석)한 결과, 부모와 좋은 애착 관계를 형성하지 못하고 거부당한 기분을 느낀 아이들은 심리적 부적응을 겪을 확률이 높은 것으로 나타났습니다.[1] 이런 아이들은 불안하고 불안정한 성인으로 자랄 가능성이 큽니다. 다른 연구에서도 부모가 주는 애정의 영향력은 문화, 인종, 성별, 경제 상황을 뛰어넘을 정도로 강력하다는 결론이 나왔습니다.[2]

아무리 시대가 바뀌고 그 어떤 대단하고 훌륭한 육아법이 나온다고 해도 육아의 기본은 사랑입니다. 부모의 본질적인 역할 또한 '세상에서 가장 많이, 무조건적으로 사랑해주는 사람'입니다. 아이가 필요로 하는 다른 모든 것은 위임이 가능하지만 부모의 사랑은 위임이 안 됩니다. 아이를 조건 없이 세상에서 가장 사랑해주는 부모의 역할은 다른 누구도 대신해줄 수 없습니다. 그런데도 아이와의 일상에서 가장 중요한 이 역할을 미루는 경우가 생깁니다. 아이가 더 행복하게 잘살았으면 하는 마음으로 하는 행동들이지만 주객이 전도되는 경우가 많습니다.

아이를 위해서뿐 아니라 '내가 되고자 하는 부모의 본질'을 잊지 않기 위해서라도 아이에게 사랑한다는 말을 자주 해야 합니다.

정서적 유대감이 주는
긍정적 영향

≈

영국의 정신분석학자이자 '애착 이론'의 창시자인 존 볼비John Bowlby는 아이와 양육자 간의 정서적 유대가 아동의 전반적인 발달에 중요한 역할을 하며, 영아 시절 경험한 애착은 성인이 된 이후에도 정서적 안정감, 사회적 관계, 심리적 건강에 큰 영향을 미친다고 주장했습니다.[3] 특히 양육자의 언어적·비언어적 애정 표현은 정서적 유대를 형성시키는 핵심 요소입니다.

아이의 애착 형태를 실험한 연구에서 12~18개월 사이의 아이와 양육자가 방에서 함께 놀고 있던 중, 낯선 사람이 그 방에 들어옵니다. 양육자는 낯선 사람과 대화를 나눈 후 자리를 비웁니다. 낯선 사람은 남아서 아이와 상호작용을 시도하다가 잠시 후 양육자가 돌아오면 떠납니다. 연구자들은 이런 일련의 과정에서 양육자가 떠나고 돌아올 때 아이의 반응을 관찰하며 네 가지 애착 유형으로 분류했습니다.[4]

첫 번째는 안정 애착 유형입니다. 부모가 평소에 아이의 욕구에 잘 반응해주고 안정적으로 상호작용하는 경우에 형성되는 애착 형태입니다. 이런 아이는 양육자가 함께 있을 때 적극적으로 주변을 탐색하고 잠시 떨어져서 스트레스를 받더라도 양육

애착 유형	부모 특징	아이 특징
안정 애착	아이와 안정적으로 상호작용함	자존감과 정서적 안정감이 높음
불안-회피 애착	자기중심적이어서 아이에게 무관심함	자존감이 낮아 친밀한 관계 형성이 어려움
불안-양가 애착	극도의 관심과 무관심을 병행해 보여줌	불안 수준이 높고 다른 사람과 관계를 맺지 못함
혼란 애착	학대하거나 아이에게 두려움의 대상이 됨	인간관계에서 충동적이고 예측 불가능한 행동을 보임

네 가지 애착 유형

자가 나타나면 금세 품에 안기며 쉽게 진정이 됩니다. 이런 애착을 형성한 아이들은 자존감과 정서적 안정감이 높으며 다른 사람들과 좋은 관계를 맺을 확률이 높습니다.

두 번째는 불안-회피 애착 유형으로 이는 부모가 자기중심적이고 아이에게 무관심할 때 나타납니다. 아이는 양육자가 자리를 비워도 겉으로는 크게 동요하지 않습니다. 이렇게 감정을 억제하는 아이는 자존감이 낮아서 타인과 친밀한 관계를 형성하는 데 어려움을 겪습니다.

세 번째는 불안-양가 애착 유형입니다. 부모가 일관적이지 않은 태도, 즉 극도의 관심과 무관심을 병행해 보여줄 때 나타나는 유형입니다. 이 유형의 아이들은 양육자가 떠날 때 극도로 불안감을 느끼며 돌아왔을 때도 쉽게 진정이 되지 않습니다. 아이는 부모와 마찬가지로 일관적이지 않은 태도를 보이며 부모에게 접근하면서도 저항하는 양가적인 모습을 보입니다. 부모에게 매달리면서 격하게 짜증을 내는 식의 반응입니다. 이런 아이들은 불안 수준이 높고 다른 사람과 쉽게 관계를 맺지 못합니다.

네 번째이자 마지막은 혼란 애착 유형입니다. 평범한 가정에서 자란 아이에게서는 흔히 나타나지 않고 트라우마나 학대 등 양육자가 두려움의 대상일 때 도드라지게 보입니다. 아이는 양육자를 두려워하거나 회피하며 양육자가 자리를 떴을 때나 돌아왔을 때 혼란스러운 반응을 보입니다. 이런 환경에서 자란 아이는 심각한 정서적 문제를 가질 확률이 높으며, 인간관계에서 충동적이고 예측 불가능한 행동을 보이기도 합니다.

부모에게 사랑한다는 말을 자주 들은 아이는 안정 애착을 형성할 확률이 높아집니다. 이런 아이는 감정적으로 안정적이고, 불확실한 상황에서도 스트레스를 덜 느끼며, 자신을 귀하고 특별한 존재로 인식합니다.[5] 어려서부터 들은 애정 어린 언어가 아이들의 언어 발달과 사회성에도 긍정적인 영향을 미치는 것이죠.[6]

"세상에서 가장 사랑해."

지금 아이에게 말해주세요. 부모만이 해줄 수 있는 특별한 사랑 고백입니다. 부모 역시 그 어떤 의심 없이 할 수 있는 사랑 고백이죠. 어린아이는 의심의 여지 없이 부모를 세상에서 가장 사랑합니다. 자신을 지켜줄 사람에 대한 본능적인 애착이기도 합니다. 그런데 아이의 눈에 부모는 자신보다 중요하고 소중한 것이 많아 보입니다. 그래서 정말 부모가 세상에서 자신을 제일 사랑하는지 확인받고 싶습니다.

부모의 사랑은 아이가 디디고 설 단단한 땅이 된다

≈

아이는 부모가 자신을 세상에서 가장 사랑한다는 것을 알아야 합니다. 그 사랑이 아이가 스스로를 사랑하는 기준점이 되기 때문입니다. 이렇게 형성된 자기애는 타인에게서 받아야 하는 사랑의 평가 지표가 됩니다. 자신을 가장 사랑하는 사람이 있음을 아는 아이는 세상 속에서 두려울 게 없어집니다. 스스로 사랑받아 마땅하다는 것을 아는 사람은 타인에게 사랑받기 위해 자신을 깎아내리지 않습니다. 누군가 자신을 세상에서 가장 많이, 무조건적으로 사랑한다는 것만큼 든든한 안전망은 없습니다.

육아는 성인이 되어 홀로 살아갈 수 있도록 아이를 준비시키는 과정입니다. 제대로 홀로 서기 위해서는 흔들림 없이 단단한 땅이 있어야 합니다. 부모에게서 받은 무조건적인 사랑은 세상 어떤 풍파에서든 아이가 디디고 설 수 있는 튼튼한 대지가 되어 줍니다.

언어는 감정에 뿌리를 두고, 감정 또한 언어에 뿌리를 둡니다. 둘은 떼려야 뗄 수 없는 관계이지요. 사랑하는 마음은 사랑한다는 말과 선순환합니다. 부모와 함께 있을 때 느껴지는 즐겁고 행복하고 따뜻하고 긍정적인 정서가 '사랑'이라는 것을 알고 자란 아이는 삶이 훨씬 충만해집니다.

자기 가치감

· 무심코 하는 생각 ·
'내가 좋은 부모가 될 수 있을까.'

· 들려줘야 할 말 ·
"엄마 아빠에게 와주어서 고마워."

"사랑해" 다음으로 아이에게 어렸을 때부터 가장 반복적으로 많이 들려준 말은 "고마워"입니다.

"엄마와 아빠에게 와주어서, 태어나주어서, 건강해서, 사랑스러워서 고마워. 아니, 그저 존재해주어서 고마워."
"수억 마리의 정자 중에서 열심히 달려서 엄마 아빠한테 이렇게 와주어서 고마워!"

아이는 부모의 결정하에 이 세상에 태어나지만, 수동적인 존재가 아닌 적극적인 참여자입니다. 아이는 자신이 아기가 되기 위해 열심히 달려왔기 때문에 엄마 아빠를 만났다는 이야기를 좋아합니다. 또 일찍 도착한 수많은 정자 중에서 엄마의 난자가 자신을 골랐기에 아빠도, 엄마도, 자신도 서로 만나기 위해 있는 힘껏 노력했다는 사실에 뿌듯해합니다. 물론, 생물학적으로 정확한 이야기는 아닙니다. 하지만 어린아이에게 생명의 신비로움을 가르치기 위해서는 안성맞춤이죠.

저희 아이는 신생아 때는 두세 시간씩 울어야 잠이 들고, 이유식은 먹는 둥 마는 둥 하고, 온종일 안아달라고 보채고, 마음에 안 드는 일이 있으면 몇 시간씩 우는 예민한 기질을 가지고 태어났습니다. 말이 통하지 않는 아이를 키우는 것이 이렇게나 힘들 거라고는 상상조차 못 해봤던 초보 부모는 생전 처음 겪는 상황에 좌절하기 일쑤였습니다. 부모로서 그 시간을 버텨낼 수 있었던 힘은 감사에서 왔습니다. 아이를 달래다 지쳐 멍하니 천장을 바라보던 시간, 뭘 어떡해야 할지 모르겠다고 좌절하던 순간, 고개를 돌리는데 눈꼬리에 눈물방울을 매단 채 잠들어 있는 아이가 보였습니다. 그때 셀 수 없이 많은 변수를 뚫고 이 아이가 우리 부부에게 찾아왔다는 것, 그래서 한가족이 되었다는 감사가 밀려들었습니다. 바로 그 마음이 저를 지탱해주었습니다.

저희 부부는 서로에게도 고맙다는 말을 자주 하려고 노력했습니다. 거대한 삶의 변화에 적응하느라 예민해지면서 고맙다는 말보다는 원망이나 비난을 하고 싶은 날이 더 많았지만, 삶의 새로운 여정에 함께 고군분투해줄 동료가 있다는 게 얼마나 고마운지에 집중했습니다. 아이는 갓난아기 때는 말을 못 하고 잘 알아듣지도 못했지만 부모가 나누는 대화의 뉘앙스를 이해하고 그 상호작용을 고스란히 체화했으리라 생각합니다.

감정전이를 활용한
긍정 정서 강화

≈

감사가 긍정 정서를 강화한다는 연구 결과는 셀 수 없이 많습니다. 감사의 기본은 아무리 작은 일이라도 긍정적으로 볼 수 있는 부분을 찾는 것이죠. 이런 태도와 관점의 변화는 긍정 정서를 높이고 삶의 만족감을 증진시키기에 부정적인 감정에 휩싸일 확률을 낮추고 나아가 더 좋은 경험을 하게 만듭니다. 무엇보다 감사하는 태도를 갖는 것만으로도 우울감이나 불안과 같은 부정 정서들을 물리칠 수 있습니다.[7] 긍정 정서가 차곡히 쌓여서 장기적으로 좋은 영향을 미치게 됩니다. 아이에게 고맙다고 자주 표현하는 것 역시 마찬가지입니다. 출구가 보이지 않는 것만 같은 신생아 육아를 하는 초보 부모가 처한 상황을 긍정적으로 바라보도록 관점을 전환시키는 데 탁월한 방법입니다.

아이들은 부모의 감정을 고스란히 느낍니다. 감정은 생각보다 쉽게 전염됩니다.[8] 심리학에서는 이를 감정전이 Emotion contagion라고 합니다. 감기에 걸린 사람 옆에 있으면 감기가 옮을 수 있듯이 긍정적인 사람 옆에 있으면 긍정 정서가 옮고 부정적인 사람 옆에 있으면 부정 정서가 옮습니다. 특히 친밀한 관계일수록 이러한 감정의 전이가 더 쉽게 일어납니다. 자주 만나는 사람이 아프면 전염될 확률이 높은 것과 같은 이치입니다.

긍정 정서를 자주 느끼고 충분히 표현하는 양육자와 함께한 아이는 어느새 같은 감정을 느끼고 표현할 확률이 높아집니다. 미국의 신경과학자 로버트 프로빈 Robert Provine은 '웃음 연구 The Laughing Study'를 통해 타인의 웃는 모습이 담긴 영상을 보는 것만으로도 웃음이 나온다는 것을 밝혔습니다.[9] 영상 속 사람이 왜 웃고 있는지 알지 못하고, 전혀 웃긴 상황이 아닌데도 타인의 표정을 관찰하는 것만으로도 감정이 전이되었습니다. 여러 연구들은 웃는 것은 무의식적이고 자동적인 반응으로 관계 형성에 도움이 되는 기제라고 주장합니다. 그러니 평소에 감사를 자주 표현하는 부모의 긍정 정서가 아이의 긍정적인 정서로 전이되는 것은 당연한 일이겠죠.

알아차림을 통해
감사는 커진다

≈

　양육자에게 '고맙다'는 말을 자주 듣는 것만으로도 아이는 고마운 상황을 발견하는 삶의 태도를 가질 확률이 높아집니다. 크게 감사할 일이 없는 상황에서도 남들보다 탁월하게 감사할 거리를 찾아낼 수 있는 것이지요.

　감사는 뇌의 보상 시스템을 활성화시키는 긍정적인 감정들, 예를 들어 기쁨, 따뜻함, 즐거움 같은 감정에서 시작되기도 하지만 한편으로는 상황 인지로 끌어올릴 수 있는 감정입니다. 위험할 때 누군가가 구해주었다면 누구나 저절로 감사한 마음이 들 겁니다. 하지만 문을 잠시 잡아주는 사소한 행동도 감사한 행동으로 '인지'하면 더 자주 감사함을 느낄 수 있습니다. 이는 감사를 인지하는 연습을 통해서 강화됩니다. 아이는 평소 부모가 사소한 일에도 감사를 표현하는 것을 보고 긍정 정서를 체화합니다.

　감사의 핵심은 '알아차림'입니다. 감사할 만한 대단한 일이 생겨서 저절로 감사가 생겨나기를 기다릴 게 아니라, 일상에서 감사할 만한 '가치'가 있는 일을 잘 찾아내는 능력이 필요합니다. 아이는 세상에 좋은 일이 많다는 확신과 함께, 그것이 다른 사람들로부터 받은 친절에서 기인한다는 것을 알아야 합니다.[10] 부모가 감사를 표현할 때마다 기분이 좋았던 아이는 타인에게도 같은 경험을 선물해주기 위해 감사를 자주 표현할 확률이 높아집니다. 자연스럽게 사회성도 발달하게 됩니다.

뿐만 아니라 부모에게 고맙다는 말을 자주 들은 아이는 더 단단한 애착 관계를 형성합니다. '고맙다'는 말만으로도 소속감과 연결성을 느끼거든요.[11] 또 부모에게 쓸모 있는 존재가 되었다는 생각에 자존감이 올라갑니다.

이렇게 긍정적인 상호작용은 옥시토신 호르몬을 분비시킵니다.[12] 옥시토신은 행복을 느끼게 하고 스트레스를 낮추어 사랑 호르몬이라는 별명이 있는데 아이와 눈을 맞추거나 끌어안을 때, 가볍게 쓰다듬을 때뿐 아니라 감사의 말을 주고받을 때도 부모와 아이의 뇌에서 옥시토신이 분비된다고 합니다.

스스로 할 줄 아는 게 많지 않고 말로 의사소통을 하는 데 서툰 영아 때부터 부모는 반드시 아이에게 긍정 정서를 심어주어야 합니다. 영아기는 몸과 마음이 폭발적으로 발달하는 시기로 주변 환경에서 배운 것들을 빠르게 흡수해 뇌의 시냅스가 급속도로 연결됩니다. 이런 뇌의 발달은 신체적인 기능뿐 아니라 감정을 조절하고 관계를 형성하는 사회적, 정서적 건강에도 큰 영향을 미치죠. 어렸을 때 뿌리 내린 긍정 정서는 앞으로 마주하게 될 힘든 상황에서 다시 일어설 힘이 되어줍니다.

Step 2

감정을 발견하고
관계의 즐거움을 알려주는 말

3세쯤 되면 아이들은 감정을 이해하고 공감하는 능력을 서서히 배우기 시작합니다. 부모는 아이가 자신의 감정을 인정하고 수용하며 감정 조절을 배우는 초기 과정을 함께 해주는 든든한 방패막이이자 길라잡이가 되어주어야 합니다.

아이가 부모를 보며 성장한다는 것을 잊지 말아주세요. 가정은 모든 관계의 시작점입니다. 부모와 맺는 관계는 이후 아이가 마주할 모든 사회적 관계의 근간이 되죠. 아이는 부모와의 상호작용을 통해 자신의 감정뿐 아니라 타인의 입장을 고려하는 법을 배우고, 공감과 협력을 통해 관계의 기쁨을 느낍니다. 부모와 협력하며 타인과 사회에 대해 배우게 되는 거죠. 아이는 부모의 말과 행동을 통해 세상을 바라보는 법을 배워가며, 감정과 관계의 의미를 체득합니다.

감정 수용

· 무심코 하는 말 ·
"그만 울어. 뚝!"

· 들려줘야 할 말 ·
"울어도 괜찮아."

자꾸 우는 아이에게 무슨 말을 해주면 좋을지 SNS에서 이야기를 나누었습니다. 그러자 일반적으로 부모들은 자기가 어렸을 때 이런 말을 많이 들었다고 했습니다.

"그만 울어! 뚝!"

저 역시 이런 말을 듣고 자랐습니다. 아이가 말을 알아듣기 시작하고 더듬더듬 말문을 열면 부모는 이런 말을 더 자주 하게 됩니다. 말을 못 하는 영아 때는 '우는 것이 당연하다'고 생각하지만, 말을 알아듣는데도 우는 것은 '문제'라고 인식하는 분이 많기 때문입니다.

하지만 유아는 어른처럼 언어를 능숙하게 활용하지 못합니다. 이제 막 배우기 시작했기에 '할 줄 아는 것'이지 자신에게 이로운 방식으로 '말을 활용할 줄 아는 것'은 전혀 다른 차원의 능력입니다. 더구나 아이에게 매일매일의 삶에서 마주치는 일들은 대부분 첫 경험이거나 익숙하지 않은 것들입니다.

3~4세의 아이가 어른이 보기에 별거 아닌 상황에서 감정에 북받쳐 운다는 건 지극히 정상적인 모습입니다. 말을 알아듣고 할 줄 알게 되었지만 복잡한 상황에서 눈물부터 터뜨린다면, 이것 역시 정상입니다. 태어나서 3~4년 만에 갑자기 마주하는 모든 상황을 의연하게 받아들이고 복잡하고 복합적인 감정을 완벽한 언어로 표현하는 것은 능력 밖의 일입니다.

아이의 눈물은 의사소통의 수단입니다. 아이가 우는 것은 나무라거나 다그쳐야 하는 '잘못된 행동'이 아닌, 안내하고 가르쳐야 할 '학습과 연습이 필요한 감정 표현'의 시작입니다.

우는 아이가 불편하다면
부모의 마음을 들여다볼 때다

≈

한번 터지면 한두 시간씩 울던 아이에게 "제발 그만 울어!" 하고 크게 소리를 지른 적이 있었습니다. 기억은 늘 자신에게 유리하게 왜곡되니 제 기억보다 횟수가 더 많았겠죠.

저는 울면 혼나는 80년대의 '보통의 가정'에서 자랐습니다. 부모님은 자유롭고 개방적이며 제 의견을 존중하고 심리와 교육에 조예가 깊었으나 당시는 감정에 대해서 이해가 부족했던 시절이었죠. 저 역시 부정적인 감정을 숨기는 법을 빠르게 배웠습니다.

그렇게 저는 방에 들어가 이불을 뒤집어쓰고 울거나 참고 참다가 분노를 폭발시키는 방식으로 감정을 표현했습니다. 대학교와 대학원을 다니며 심리학을 전공하고, 우울증의 깊은 수렁에도 빠지고, 감정 연구를 10년 넘게 하고 나서야 숨겨두었던 부정적인 감정들과 직면할 수 있었습니다.

그런데 아이를 키우는 것은 또 다른 도전이었습니다. 표면만 겨우 어루만졌던 저의 어린 시절의 경험과 부정적인 감정들은 아이와의 상호작용을 통해 폭발했습니다. 툭하면 우는 아이와 상호작용을 해야 하는 상황이 저를 궁지에 몰아넣었습니다.

어느 날 우는 아이에게 빽 소리를 질렀습니다. 그러다 갑자기 감정이 북받쳐 올라 아이를 끌어안고 저의 부족함을 고백했습니다.

"소리 질러서 미안해. 어려서 엄마가 울면 할아버지가 못 울게 했거든. 그때는 그게 정말 싫었는데 이후로는 엄마도 잘 안 울게 되었어. 그래서 다른 사람이 울면 어떻게 해야 할지 모르겠어. 엄마도 부모가 되는 법을 배우는 중이니까, 너에게 도움이 될 수 있도록 노력할게. 네가 세 살이면 엄마도 '엄마 세 살'밖에 안 된 거거든. 윤우야, 울어도 괜찮아. 정말 정말 괜찮아."

저만 이런 경험이 있는 것은 아니겠죠? 주책맞게 훌쩍이며 고백하고 나니 마음이 편안해졌습니다. 어쩌면 아이보다 제가 더 듣고 싶어 했던 말이었는지도 모르겠습니다.

'아이가 울면 왜 짜증이 날까?' 이렇게 자책하기 전에 부모의 마음을 살펴보아야 합니다. 부모의 이런 반응에는 여러 이유가 있을 수 있습니다. 연구에 따르면 아이의 울음소리는 스트레스 호르몬인 코르티솔 분비를 증가시켜서 부모는 아이 울음을 빨리 멈추게 하고 싶다는 충동을 느낀다고 합니다.[1] 이런 신체적인 반응과는 별개로 보호하고 보살펴주어야 하는 사랑하는 아이가 우는 것 자체는 굉장히 불편한 일입니다. 아이가 우는 것이 곧 부모의 무능으로 느껴지기도 합니다. 특히 피곤하고 스트레스를 받았을 때는 자책이 더 심해집니다. '완벽한 부모'에 못 미치는 자신의 행동을 비판적으로 바라볼수록 오히려 더 짜증이 납니다.[2] 아이가 울면 자기비판을 하게 되고, 자기비판에서 벗어나고자 눈물을 그치라고 소리를 지르고, 아이에게 짜증 낸 것에 대해 자책하는 악순환이 반복되는 거죠.

아이가 울어서 짜증이 난다면 잠시 멈출 때입니다. 감정적으로 피곤한 자신에게 친절히 대하고, 아이의 울음에 본능적으로 반응하는 자신을 받아들이고, 아이의 눈물로 인해 겪게 되는 감정의 소용돌이를 차분히 바라볼 필요가 있습니다.[3]

스스로에게 하는 주문
'울어도 괜찮아'

≈

어린 시절 울었을 때 부모가 보였던 반응은 자신이 부모가 되고 나서 아이에게 보이는 반응에 영향을 미칩니다. 비언어적 의사소통 수단인 눈물이 잘 받아들여지지 않는 환경에서 자랐다면 정서적으로 불안정할 수 있습니다. 평소에는 잘 표시가 나지 않으나 아이가 울면서 마음이 어지러워지면 금세 화가 나고 짜증이 날 수 있습니다. 어려서 울었을 때 "뚝 그쳐"라는 이야기밖에 듣지 못했다면 아이에게도 똑같이 할 확률이 높습니다. 다른 방법은 경험하거나 배우지 못했기 때문입니다.

"울어도 괜찮아."

그럴 때일수록 입 밖으로 이 말을 내뱉는 것이 중요합니다. 이는 아이뿐 아니라 나의 내면의 아이에게 건네는 말입니다. 우는 것은 인간에게 주어진 특별한 감정 표현 방식입니다. 때때로 눈물을 흘리는 동물을 본 적이 있다는 이야기도 나오지만 슬픔이나 기쁨과 같은 복잡한 감정 때문에 우는 것은 인간만이 가지고 있는 고유한 특성입니다.[4]

캘리포니아 대학교 의대 정신과학과 교수 피터 오스왈드 Peter F. Ostwald는 아기의 울음을 '음향학적 탯줄'이라고까지 표현했습니다.[5] 아이의 눈물은 부모와 가까운 관계를 유지하기 위한 애착 행동의 하나라는 것이죠.

아이가 언어 표현에 능숙해지면서 눈물이 가진 이런 기능은 줄어듭니다. 하지만 성인이 되어서도 눈물은 감정적인 의사소통을 하는 하나의 방식으로 남아, 중요한 사람들과 유의미한 관계를 맺도록 돕습니다. 비언어적 표현은 인간의 생존을 돕는 '관계적' 행동의 한 종류입니다.

나아가 눈물에는 '개인적'인 측면도 존재합니다. 슬프거나 화가 날 때 울면 기분이 나아집니다.[6] 옥스퍼드 대학교에서 진행한 연구에 따르면 어른들 역시 '카타르시스', 즉 눈물을 통해 마음을 치유하려는 동기가 있다고 합니다.[7] 어른이 되어서 울지 '못하는' 사람들은 공감 능력이 떨어지고 깊은 관계를 맺지 못한다고 밝히기도 했습니다. 475명의 연구 대상 중에 50퍼센트 이상이 울지 못하는 것이 삶에 부정적인 영향을 미쳤다고 보고했죠.[8]

아이들이 어른보다 자주 우는 것은 이해할 수 없는 감정이 많기 때문입니다. 부모가 울지 말라고 해서 아이가 울음을 그치면 문제가 해결된 것 같아 보이지만, 그럴수록 아이는 감정의 소용돌이에서 길을 잃게 됩니다. 눈물이 왜 났는지 알지 못한 채, 눈물을 꾹 참아야 한다고 배우는 것입니다. 당연히 아이의 내면은 더 혼란스러워질 뿐입니다.

아이들이 느끼는 대부분의 감정은 활용 가능한 언어 표현의 수준을 넘어서 이루어집니다. '말로 할 수 있는데 안 하는 것'이 아니라 단순한 표현은 할 줄 알지만 이제 막 배우기 시작한 언어로 복잡한 감정을 표현하지 못하는 것입니다. 더구나 주변 어른들에게서 감정을 언어로 표현하는 것을 자주 보지 못했다면 감정을 처리하는 방법을 배우기 어렵습니다.

아이는 가까이에 있는 부모와 더 깊은 관계를 맺고 싶어 합니다. 또 말로 표현할 수 없이 몰아치는 감정의 소용돌이에서 벗어나고 싶다는 본능적인 동기도 가지고 있습니다. 그 모든 것을 표현할 다른 방법을 알지 못해서 우는 겁니다.

우는 것이 괜찮다는 것을 배우지 못한 아이는 겉으로는 우는 횟수가 줄어들지라도 제대로 울지 못하는 어른으로 자라게 됩니다.

우는 것은 '괜찮은' 일입니다. 아니, 울고 싶을 때 울 수 있는 능력은 우리 삶을 더 풍요롭게 합니다. 부모로서 아직 말이 미숙한 아이에게 가르쳐야 할 것은 추상적인 '눈물의 감정'을 구체적인 언어로 표현할 수 있도록 돕고, 우는 것은 지극히 자연스러운 일이라는 점을 알려주는 것입니다.

감정 조절

· 무심코 하는 말 ·

"화낼 일 아니야. 그만해!"

· 들려줘야 할 말 ·

"얼마나 화가 날까! 그럴 수 있어."

어른들의 눈에 비친 아이들은 황당한 일에 쉽게 화를 내는 존재입니다. 특히 자아가 발달하고 말을 배우기 시작하는 3세 즈음에는 소위 '생떼'가 극에 달합니다. 빨간 그릇에 밥을 담아 달라고 하고는 정작 빨간 그릇에 밥을 담아오면 그게 아니라고 하며 떼를 쓰는 식입니다. 블럭을 쌓다가 떨어뜨렸을 때도, 카시트에 앉아야 할 때도, 마지막 남은 간식을 다 먹었을 때도, 밥 대신 사탕이 먹고 싶을 때도 걷잡을 수 없는 분노를 터뜨립니다.

아이들의 삶에는 기쁜 일만큼이나 화가 나는 일도 많죠. 어른의 시선에서는 작고 의미 없는 일에 화를 내는 듯 보입니다. 그래서 아이에게 "화낼 일이 아니다"라고 다그치거나 "왜 그런 일로 화를 내냐"고 나무라고 싶어집니다. 아이가 조금 더 크면 "버릇이 없다"라는 말로 화를 일축해버리기도 합니다.

하지만 정말 아이는 별거 아닌 일에 화를 내는 버릇 없는 존재일까요?

친밀한 관계는
공감으로 맺어진다

≈

로봇 조립에 막 흥미를 느끼던 아이는 로봇을 만들다가 곧잘 화를 냈습니다. 마음은 로봇 엔지니어인데 손의 움직임은 턱없이 엉성했던 거죠. 자기 마음대로 끼워지지 않는 부품을 손에 들고 씩씩거리며 화를 내다가 금세 으앙 눈물을 터뜨리곤 했습니다. 그뿐이 아니었습니다. 젤리 봉투를 부모가 뜯을 때도, 잘 시간이 되어 침대에 눕힐 때도, 머리를 감아야 한다고 어르고 달래 화장실에 데리고 들어갈 때도 몸을 뻗대며 저항했죠.

3세 즈음의 아이들은 이전에는 인지하지 못했던 수많은 감정을 느끼게 됩니다. 영아에서 벗어나면서 더 큰 세상을 경험하고 더 많은 관계를 맺기 시작합니다. 하지만 인지와 언어 능력은 폭발하는 감정을 따라가기 버겁습니다. 이론적으로 아이의 발달단계와 심리 상황을 충분히 알고 있는 저도 아이가 짜증을 내면 덩달아 화가 나곤 했습니다. '이게 무슨 대단한 일이라고 이렇게 화를 내' 하는 생각이 들고 소리를 질러 조용히 시키고 싶은 충동이 들었죠.

고백하건대, 화를 내는 아이에게 되레 더 크게 화를 내고는 밤에 아이를 재운 다음 자괴감에 휩싸인 날도 많았습니다. 저도 감정의 지배를 받는 인간이니까요. 하지만 대부분의 경우에는 '그럴 수 있다'며 공감해주려 노력했습니다.

"로봇 조립이 마음대로 안 돼서 화가 많이 나지? 그럴 수 있어."
"젤리 봉투를 직접 뜯고 싶어서 속상했구나. 그럴 수 있어."
"깜깜한 데서 잠이 드는 것은 정말 힘들어. 그럴 수 있어."
"머리 감으면 눈에 물이 들어가서 정말 싫지? 그럴 수 있어."
"얼마나 화가 날까! 그럴 수 있어."

물론 쉽지 않은 일입니다. 말로 하면 되는데 설명도 하지 않고 떼를 쓰며 길길이 날뛰는 아이를 보면 부모도 화가 치밀어 오릅니다. 도무지 왜 화가 났는지 이해가 가지 않는데 호흡을 가다듬고 아이에게 "그럴 수 있어"라고 말하려면 보통 인내가 필요한 것이 아닙니다. 하지만 "그럴 수 있어"라고 말하는 순간 부모의 마음도 언어에 동화됩니다. 정말 그럴 수도 있다는 생각이 뒤따라옵니다.

중요한 것은
화를 처리하는 방식이다
≈

최근에 화가 났던 때가 기억나나요? 배우자 혹은 친구에게 그 상황을 시시콜콜 이야기하면 대체로 나오는 반응이 두 가지로 나뉩니다.

"정말 화가 났겠다!" - 공감
"뭘 그런 걸로 화를 내?" - 판단

어떤 사람과 대화를 지속하고 싶을까요? 또다시 화가 나는 일이 생겼을 때 누구를 찾게 될까요? 전자의 반응을 들으면 충분히 공감받았다 느껴지고 후자의 반응을 들으면 더 화가 치밀어 오를 겁니다. 겪어보지 않았고, 이해할 수 없고, 심지어 대수롭지 않아 보여도 누군가에게는 그렇지 않을 수 있음을 이해하는 것이 공감의 기본입니다.

아이가 느끼는 화를 부모가 이해하지 못하는 이유는 '아이'와 '어른'이라는 다른 관점을 가진 존재여서가 아닙니다. 공감 능력은 아이의 감정이 부모가 느끼는 감정만큼이나 의미 있다는 것을 받아들이고 호응을 해주면서 키워집니다. 공감은 인간이 인간에게 행할 수 있는 가장 따뜻한 친절입니다. 그런데 이런 친절을 별로 받아보지 못한 사람은 다른 사람에게 같은 호의를 돌려주기가 어렵습니다. 어쩌면 부모가 아이의 분노에 공감하지 못하는 것은 공감받은 경험이 부족했기 때문인지도 모릅니다.

한국과 같은 집단주의적인 문화에서는 집단의 화합을 저해할 수 있는 부정적인 감정을 불편하게 생각합니다.[9] 개인이 느끼는 분노가 집단에 나쁜 영향을 끼칠까 걱정하는 것이죠. 그래서 부정적인 감정을 표현하지 않는 것을 덕목으로 취급하고 그러지 못하는 아이들을 미성숙하거나 버릇이 없다고 생각합니다.[10] 공개적인 자리에서 부정적인 감정을 드러내면 창피하고 수치스러운 일이라며 나무라기도 하죠.[11]

하지만 이런 사회적인 압박은 의도와는 반대의 효과를 가져옵니다. 감정을 표현하지 못하는 사람은 스트레스와 불안, 그리고 우울감에 시달리며 이런 사람들이 가득한 사회는 화합하기 힘듭니다.[12] 감정을 억압하는 사람은 타인의 감정 또한 받아들이기 어려워하며 오히려 공격적으로 반응하게 됩니다. 학교에서, 회사에서 아무 감정 없이 공부하고 일만 하는 사회를 떠올려 보세요. 도대체 다른 사람들이 무슨 생각을 하는지 알 수 없다면 어떤 느낌이 들까요?

화를 표현하지 못하면 오해가 생깁니다. '참는다'고 생각하지만 참아지지 않기 때문입니다. 화는 활동적이고 적극적인 감정이기에 어떻게든 겉으로 '삐져' 나옵니다. 이런 감정을 수용하고 조절할 기회를 주지 않고, 감정을 억압할수록 관계가 나빠질 확률이 높아지죠.[13] 감정의 억압은 신체에도 영향을 미칩니다. 긴장감과 스트레스는 심장에 무리를 주며 면역력을 저하시킵니다.[14]

행복하고 만족스러운 삶을 살기 위해서는 부정적인 감정을 이해하고, 받아들이고, 건강하게 표현할 줄 알아야 합니다. 나와 타인의 부정적인 감정을 이해하고 받아들이는 것은 건강한 관계를 맺고 만족스러운 삶을 살기 위한 첫걸음입니다. 그래서 어려서부터 화를 받아들이고 나에게 이로운 방향으로 소화할 수 있도록 연습을 해야 합니다.

화는 진화론적으로 매우 중요한 감정입니다. 위협에 대한 반응으로, 자기 것을 지키고 피해를 최소화하기 위한 의지가 담긴 감정입니다. 위험에 맞서거나 도망을 가는 것은 생존에 필수적인 요소입니다.[15] 다른 사람이 올바르지 않거나 공정하지 않은 행동을 하는 것을 막아주어 사회 질서 유지에도 도움을 줍니다.[16] 또 문제에 직면하여 해결하려는 동기를 제공합니다. 분노를 올바르게 표현하는 사람들이 없었다면 인류는 이토록 눈부신 발전을 경험하지 못했을 것입니다.[17]

아이가 너무 사소한 일에
화를 낼 때

≈

게임을 하다가 졌을 때 화를 내는 아이를 걱정스럽게 바라본 적이 있나요? 부모라면 누구나 한 번쯤 아이의 분노 섞인 떼에 고개를 절레절레 흔들었을 것입니다. 하지만 자기가 갖고 싶은 것을 갖지 못했을 때 화를 내는 것은 자연스럽고 당연합니다. 게임에서 이기는 것이 아이에게는 1캐럿 다이아몬드 반지보다 더 귀하다고 생각해보세요. 눈앞에 다이아몬드 반지가 아른거리다가 결국 갖지 못하게 되었을 때 화가 나는 것은 당연하겠죠.

부모 눈에는 중요해 보이지 않는 게임에서 지는 것에 화를 내는 아이를 나무랐는데, 이 아이가 학교 성적이 좋지 않아도 심드렁해한다면 어떨까요? 이번에는 '너는 화도 나지 않느냐, 승부욕

이 없다'라며 다그친다면 어떨까요?

　중요한 것을 갖지 못했을 때 화를 내는 감정은 더 잘하고 싶다는 동기가 발동되도록 불을 붙이는 연료입니다. 그런 연료가 '나쁘다'라고 자꾸 지적하면 원하는 것을 갖고자 하는 '욕심'마저 사그라들고 맙니다. 그러니 게임에서 졌을 때 화를 내는 아이의 감정을 무조건 억압하고 나무라는 것은 아이의 발전을 저해하는 행위입니다.

　나와 타인의 감정을 이해하고 받아들이는 '공감 능력'은 태어날 때부터 타고나는 것이 아닙니다. 뇌 발달의 영향을 크게 받으며, 사회적인 관계, 상호작용, 다양한 경험을 통해서 발달하죠. 특히 충동 조절, 의사결정, 인지 능력을 관장하는 전두엽의 영향을 아주 많이 받습니다. 전두엽은 청소년기부터 20대까지도 발달하기 때문에 어린아이는 고도화된 공감 능력을 갖는 것이 불가능합니다. 또 타인의 행동이나 반응을 보고 배우는 거울 뉴런과 기억 형성에 영향을 미치는 변연계의 영향도 많이 받습니다. 기억과 학습은 경험을 통해서만 축적될 수 있기에 하루아침에 이루어질 수 없는 것들이죠. 어려서부터 감정을 공감받은 경험을 통해 타인의 감정에 공감해주는 능력을 차차로 배양하게 됩니다.

　감정은 자연스러운 반응이기 때문에 '나'라는 존재 그 자체가 되는 때가 많습니다. 그렇기에 아이가 갖고 있는 경험이나 지식에 비해 '큰 감정'을 느끼면 어찌할 바를 모르고, 이렇게 자연스럽게 느껴지는 감정을 공감받지 못하면 자기가 거부당한다는 착각이 듭니다. 아이들이 더 격렬하게 감정을 표출하는 것은 문제가 있거나 약을 올리려는 것이 아니라 경험이 부족하기 때문입니다. 정의되지 않는 감정의 소용돌이를 주체할 수 없는 것이죠.

어른들이 아이들보다 화를 덜 낼 수 있는 것은 경험이 축적되었기 때문입니다. 화가 날 만한 일과 그렇지 않은 일을 구분하는 능력이 발달한 것이죠. 화가 났을 때 사회적으로 올바른 행동을 하려고 노력하는 것 또한 경험이 쌓였기 때문입니다. 어떤 행동을 해야 나에게 이로울지를 배운 거죠.

부모가 명심해야 할 것은 '화라는 감정'에 공감해주면서 동시에 '화로 인해 남에게 피해를 주는 행동'을 용인해주지 않는 것입니다. 어떤 감정이든 자연스럽지만 어떤 행동이든 용인되는 것은 아님을 가르치는 게 부모의 역할입니다.

> "게임에 지면 정말 화가 나지. 그럴 수 있어! 그렇지만 네가 화가 났다고 친구를 곤란하게 하면 안 돼."

오히려 감정을 인지하고, 표현하고, 공감받지 못하면 내면에 쌓인 감정이 폭발하여 나와 타인에게 피해를 끼칠 확률이 올라갑니다. 공감받지 못한 감정을 조절하는 법을 배울 수는 없습니다. 부정적인 감정에 휩싸인 사람의 감정을 판단하면서 이래라저래라 가르치려 하는 것은 효과적이지 않습니다.

화를 내는 사람의 감정을 나무라는 순간 '적'이 됩니다. 아이와 부모는 적대적인 관계가 아닙니다. 아이와 적대적 관계를 맺으면 아이를 가르칠 수 없게 되어버립니다. 적의 말을 듣고 싶어 하는 사람은 없으니까요. 아이를 교육하고 안내하는 부모의 역할을 제대로 하기 위해서는 아이와 한 팀이어야 합니다. 누군가와 한 팀이 되는 가장 효과적인 방법은 감정을 공감해주는 것입니다.

화난 뇌에는 쿨타임이 필요하다

화가 머리끝까지 난 아이에게 부모가 아무리 조언을 하고 가르치려 해도 잘 듣지 않죠? 이는 아이의 잘못이 아닙니다. 어른도 마찬가지로 격렬한 감정에 사로잡히면 인지 능력과 의사결정 능력이 떨어집니다.[18] 느닷없이 누군가에게 주먹으로 맞았을 때 침착함을 유지하는 어른은 많지 않을 겁니다. 화를 낸다는 것은 위협을 감지한 결과인 경우가 많기 때문에 방어적으로 행동하는 게 당연합니다.[19] 어른도 그럴진대 아이들은 오죽할까요.

감정을 처리하는 뇌의 변연계 안에는 '편도체'라는 작은 부위가 존재합니다. 편도체는 감정적 기억을 보존하고 이에 따른 반응을 학습하게 해서 선택과 판단을 내리도록 돕습니다. 그래서 이성적으로는 안전하다는 것을 알지만 감정적으로는 무서운 상황이 발생하는 것이죠. 감성 지능 Emotional Intelligence, EI 개념을 소개한 대니얼 골먼 Daniel Goleman 은 감정적 위협에 즉각적이고 과도한 반응으로 편도체가 활성화되면 이성적인 결정을 내리는 전두엽이 힘을 쓰지 못한다고 주장했습니다.[20] '편도체 납치 Amygdala hijack'라고 불리는 이 현상이 일어나면 인지 능력이 저하되기에 새로운 정보를 학습하기가 어려워집니다.

fMRI functional magnetic resonance imaging (기능자기공명영상법)로 뇌를 관찰한 연구에 의하면, 감정에 이름을 붙이는 것만으로도 감정을 이해하고 조절하는 뇌의 영역이 활성화되어 편도체의 지배에서 벗어나게 된다고 합니다.[21] 느닷없이 폭발적인 감정에 휩싸여 어쩔 줄 몰라 하는 아이에게 "화가 나면 말로 해야지!"라고 가르치기보다 "화가 났구나" 하고 감정에 이름을 붙이고 공감해 주는 것이 효과적인 이유입니다.

"화가 난다고 해도 물건을 집어 던지는 것은 옳지 않아. 게임을 다 엎으면 계속 게임을 이어갈 수가 없어. 화가 나면 잠깐 게임을 내려놓고 엄마한테 안길까?"

화가 났을 때 하지 말아야 할 행동을 가르치는 교육은 아이의 화가 가라앉았을 때 이루어져야 합니다. 상황이 진정되고 아이가 더 나은 행동에 대해 들을 준비가 되었을 때 하면 됩니다. 물론 한번에 행동이 교정되지 않을 것입니다. 아이가 내 말을 무시하거나 '못돼서'가 아니라 학습의 과정은 원래 길고 반복적이기 때문입니다. 어른인 부모는 아이가 수많은 시행착오를 통해 결국 더 나은 행동을 배울 수 있다는 믿음을 가지고 기다려줘야 합니다.

덧붙여 아이가 느끼는 감정이 '화'가 맞는지 함께 살펴볼 필요도 있습니다. 어른의 눈에는 분노에 찬 행동처럼 보이더라도 아이는 슬픔이나 좌절, 실망감과 같은 다른 종류의 감정을 느끼고 있을 수 있습니다. 다양한 감정에 대한 경험이 부족해서 어떻게 표현하고 해소해야 하는지 모르는 것일 뿐입니다.

조망 수용

· 무심코 하는 말 ·
"양보해야 같이 놀지."

· 들려줘야 할 말 ·
"양보 안 하고 싶은 마음을 이해해."

아이들이 친구들하고 놀다 보면 장난감을 두고 싸우는 경우가 많습니다. 그럴 때 부모들이 반사적으로 하는 말이 있죠.

"양보 안 하면 같이 못 노는 거야!"

이는 다른 사람을 배려하는 다정한 아이로 키우고자 하는 부모의 마음이 반영된 말이지요. 양보는 사회의 구성원으로 살아가기 위해 꼭 필요한 덕목이기에 아이가 반드시 배워야 하는 태도입니다. 친구를 배려하지 않는 아이를 보면 부모의 얼굴은 화끈거리죠. 아이가 이기적인 행동을 하면 부모가 잘못 가르쳤다는 생각이 드니까요. 그래서 다른 사람들 앞에서 아이를 더 나무라기도 합니다.

하지만 아이의 뇌는 아직 부모의 가르침을 온전히 받아들일 준비가 되어 있지 않습니다. 준비되지 않은 상태의 아이에게 이런 이야기는 괜한 방해와 귀찮은 잔소리로 느껴질 뿐 아니라 부모가 자기 편이 아니라는 생각까지 들게 합니다.

"내 거야! 내놔!"

물론 저희 아이도 이런 말들로 제 얼굴을 화끈거리게 한 적이 있습니다. 씩씩대며 장난감을 친구 손에서 빼앗은 아이가 울먹이는 얼굴로 저를 쳐다봅니다. 그런 아이를 보는 저도 복잡한 감정으로 얼굴이 일그러지고 쥐구멍에라도 숨고 싶어집니다. 주변 어른들도 걱정스러운 눈길로 아이와 저를 번갈아 쳐다봅니다.

'왜 이렇게 못됐어! 왜 이렇게 이기적이야!'

당장 아이의 행동을 이렇게 크게 혼내야 다른 사람들에게 올바른 부모로 비칠 거라는 생각도 스칩니다. 하지만 그렇게 하면 아이는 분명 그보다 더 크게 소리를 지를 것이 뻔합니다. 상처받은 눈으로 씩씩거리며 저를 원망할 겁니다. 그러면 저는 제 아이가 혹시나 못되고 이기적이지는 않은지 걱정하며 불안해질 테고요.

사실 3세 남짓의 아이는 아직 양보할 준비가 안 된 것뿐이니 언어로 아이를 규정해버려서는 안 됩니다. 저는 무릎을 꿇고 아이와 같은 높이에서 시선을 맞춘 후 손을 살며시 잡았습니다.

"양보 안 하고 싶구나. 그런 마음을 충분히 이해해."

그러면 대개 아이는 눈물을 터뜨리고 제 품에 안겼습니다. 양보 안 하고 싶은 자신의 마음은 너무나 '정상'인데 그게 잘못된 것인 양 취급하는 주변 사람들 때문에 궁지에 몰려 있다가 안도했던 것이죠.

양보는 반드시 하지 않아도 되는 행동입니다. 솔직히 고백하자면 충분히 이해가 가는 마음입니다. 특히 미래를 예측할 능력이 없는 어린아이 입장에서는 당장 장난감을 양보해서 얻을 이득이 없습니다. '이러다 친구가 다음에는 안 놀아주면 어떻게 하느냐'는 부모의 머릿속에서만 일어나는 우려입니다.

자기 것을 빼앗기기 싫어하는 아이 마음에는 잘못된 게 없습니다. 물론 그 물건을 가지고 놀고 싶어 한 아이도 잘못한 게 없습니다. 신체도 마음도 양보할 준비가 안 된 유아들이기에 일어나는 일입니다. 아이의 도덕성이나 인격을 우려해 혼을 내거나 부모의 양육법이 잘못된 것은 아닌지 자책할 필요가 없습니다.

아이가 너무도 완강하다면 상대 아이에게 이렇게 말해주어야 하는 게 맞습니다.

"미안한데, 이건 지금 줄 수 없어. 아직 나눠줄 준비가 안 됐대."

자기 아이가 다른 아이의 물건을 가져가려고 했다면 그 역시도 마찬가지입니다.

"이건 네 것이 아니고, 친구가 안 된다고 할 때는 가져가면 안 돼."

간결하게 이야기하고 둘을 분리해야 합니다. 주변 사람들에게 좋은 부모로 비추어지기 위해서 아이 것을 억지로 빼앗아서는 안 됩니다.

자기 것을 쉽게 내주는 행동이 장기적으로 무조건 좋은 태도도 아닙니다. 자신의 것을 욕심내는 아이는 삶의 의지와 목표의식도 더 강할 확률이 높습니다. 자기 것을 지키고 싶은 마음은 못

되거나 이기적인 것이 아닙니다.

양보는 나와 타인의
경계를 배우고 난 뒤의 일이다
≈

자기 것을 타인과 공유하는 양보는 사회적인 규범입니다. 사회적인 규범은 경험을 통한 학습으로 강화됩니다. 양보하고 그로 인한 긍정적인 결과가 쌓이면 또 양보하고 싶어지는 것이죠. 진화론적으로 인간은 자신의 것을 지키려는 의지가 강할 수밖에 없습니다. 양보보다 생존본능이 앞서기 때문입니다. 아이가 자신의 것들을 나누는 행동이 생존에 큰 영향을 미치지 않으며, 양보하는 것이 추후 더 이득이 된다는 사실을 알려면 시간이 한참 걸립니다. 아이의 뇌는 미숙합니다. 충동을 조절하고 다른 사람의 관점을 이해하는 전두엽 피질은 20대 중반까지 서서히 발달합니다.[22]

아이들은 태어난 후 1~2년 동안은 자기중심적입니다. 자기 눈에 보이는 세상이 전부이고 다른 사람들도 다른 생각과 감정을 가지고 있다는 것을 이해하지 못합니다. 인간의 뇌가 이런 식으로 설계되지 않았다면 지금까지 생존하지 못했을 것입니다.

다른 동물들에 비해 발달이 월등히 느린 인간이 무력한 영아 시절에 살아남기 위해서는 철저히 자기중심적이어야만 하기 때문입니다.

네다섯 살이 되면, 서서히 타인에게 공감하는 모습을 보이기도 하지만 여전히 일관성이 없고 충동 조절이 어렵습니다. 이제야 겨우 몸을 원하는 대로 쓰고 생각과 감정을 언어로 더듬더듬 표현할 수 있게 되었습니다. 사회 구성원으로서의 면모를 보이기도 하지만 주변 사람들을 보고 흉내를 내는 것일 뿐이죠.

예닐곱 살은 되어야 관계 속에서 노는 법을 배웁니다. 혼자보다는 함께 노는 것이 더 즐겁고 재미있다는 것도 느끼며, 다른 사람들의 생각이나 감정을 미루어 짐작하는 능력이 서서히 생기죠. 하지만 이때도 대부분 어른의 도움이 필요합니다. 자발적인 동기보다는 외부의 인정을 받고 싶어서 양보하는 경우가 많습니다.[23]

미국소아과학회The American Academy of Pediatrics, AAP에 따르면 세 살 이하의 아이들은 양보나 공유의 개념을 이해하지 못한다고 합니다. 다섯 살 이상이 되어야만 양보하려는 조짐이 보이기 시작한다고 말하는 아동 발달 전문가들도 많습니다.

미취학 아이들이 양보를 잘하지 않는 것은 발달상 '정상'입니다. 순서를 지키고, 양보를 하고, 자신의 물건을 공유하는 것은

기고, 걷고, 말하고, 화장실을 가는 것처럼 발달의 아주 중요한 단계입니다.[24]

발달은 강요한다고 이루어지지 않습니다. 아이의 몸과 마음이 준비가 되었을 때만 가능해지죠. 부모는 물론 아이가 양보의 기초를 쌓아가도록 도울 수 있습니다. 하지만 양보는 복잡한 발달단계를 거쳐야 하는 기술이며, 하루아침에 습득할 수 있는 것이 아니라는 점을 먼저 알아야 합니다. 이제 막 뒤집기를 한 영아에게 뛰는 법을 가르쳐봤자 아이는 뛰지 못합니다. 아무리 채근하고 혼내고 잔소리를 해도 마찬가지입니다. 앉지도 기지도 걷지도 못하는데 모든 단계를 뛰어넘어 달리라고 하면 어떻게 될까요? 빨리 자라라고 묘를 뽑아 올리는 행위는 결국 벼농사를 망치는 일이 됩니다.

아이들은 궁극적으로 뛰게 됩니다. 몸과 마음이 발달하고, 앉고 기고 걷는 과정을 통해 근육을 단련하고, 주변 사람들이 뛰는 것을 관찰하며 몇 년에 걸친 노력으로 뛸 수 있게 되지요. 양보도 이런 과정을 거쳐야 합니다. 처음부터 어른이 원하는 것만큼 뛰지 못한다는 것을 받아들이고 아이의 마음에 공감해주고 이해해주어야 합니다.

양보할 준비가 되지 않았다면
환경을 조정한다

≈

물론 아이가 다른 아이에게 해를 끼치는 상황에서는 "안 돼"라고 단호하게 말해야 합니다. 양보의 개념은 추상적이지만 타인을 아프게 하면 안 된다는 것은 반복으로 습득되는 구체적인 지시입니다.

3세 전후의 아이들은 또래들과 같은 공간에서 각자의 장난감을 가지고 노는 것이 좋습니다. 서로의 물건을 공유하는 것은 아니지만 공간과 시간을 함께하는 것이지요. 그렇게 누군가와 함께 있는 것이 즐겁고 행복하다는 사실을 각인시키면 됩니다.

아직 양보할 준비가 안 된 어린아이들끼리 놀 때는 싸움이 날 만한 장난감이나 물건은 최소화하는 것이 좋습니다. 여분의 장난감이나 대체품을 준비하는 것도 괜찮습니다. 순서를 지켜가며 해야 하는 복잡한 놀이나 게임도 지양해야 합니다. 우선은 다른 사람들과 함께하는 것이 좋다는 것부터 가르쳐야 하니까요.

무엇보다 아이들이 아직 양보할 준비가 안 되었다는 사실을 잊어서는 안 됩니다. 자기가 놀고 있는 장난감을 다른 아이가 갖고 싶어 할 수 있고, 다른 아이가 놀고 있는 것을 그냥 가져가면 안 된다는 개념을 아이들은 이해하지 못합니다. 그러니 아이들이 이해할 수 없는 개념을 두고 혼내기보다는 그런 상황을 최대한 만들지 않는 게 좋습니다. 그럼에도 그런 상황이 일어났을 때는 아이가 하면 안 되는 행동을 간결하게 지시하는 것에만 집중해야 합니다.

더불어 양보하고 나누는 것의 기쁨을 몸으로 경험하고 눈으로 볼 수 있도록 해야 합니다. 부모가 가진 것을 배우자에게 양보하고, 부모가 좋아하는 것을 아이에게도 나누면서 양보를 체득하게 합니다. 아이가 작은 것이라도 나누려 할 때 감사와 기쁨을 표현하고, 아이가 어떤 감정을 느끼는지 묻고, 구체적인 칭찬을 해주세요. 과자를 먹을 때 아이에게 "엄마도 나눠줘"라고 요청하고 아이가 자발적으로 공유하면 칭찬해주는 것도 좋습니다. 아이의 나눔을 기쁜 마음으로 받아주면 아이는 그런 부모의 행동을 따라 하게 됩니다.

양보는 때로
불편한 감정을 불러온다

≈

사회적 규범을 알고 전두엽이 발달한 어른조차도 때로는 자기 것을 타인과 나눈 뒤 불편한 감정이 들 때가 있습니다. 타인과 자기 것을 공유할 때 느껴지는 복합적인 감정을 아이도 느낄 수 있다는 것을 생각해주세요. 기분이 안 좋기도 하지만 좋기도 한 복잡성을 있는 그대로 표현할 수 있게 해주어야 합니다.

어려서 양보하고 싶지 않은 마음을 이해받지 못하면 아이는 자신이 못되고 이기적인 사람이라는 것을 내재화하게 됩니다. 이런 아이는 몸과 마음이 양보할 수 있도록 충분한 발달을 이룬 후에도 양보를 하고 싶어 하지 않습니다. 어차피 못되고 이기적인 사람이니 더 나은 사람이 되기 위해 노력할 필요를 못 느끼는 것이지요. 누군가와 자신의 것을 공유해야 하는 상황에서 혼나기만 했다면 관계를 맺거나 상호작용하는 것 자체를 거부할 확률도 높습니다. 무의식적으로 스스로를 관계를 잘 맺을 능력이 없는 사람이라고 규정해버리는 것이죠.

그러니 먼저 아이에게 부모가 한편이라는 든든함부터 느끼게 해주세요. 스스로의 발달 속도에 맞게 조금씩 나아지는 모습을 뿌듯하게 생각하도록 도와주세요. 그래서 사회의 구성원으로 더 나은 사람이 되고 싶은 자발적 동기를 키워나갈 수 있도록 해야 합니다.

사회적 유대감

· 무심코 하는 말 ·
"이것만 하고 같이 놀자."

· 들려줘야 할 말 ·
"너와 함께 노는 게 너무 재밌어!"

평일 저녁과 주말은 아이와 함께하는 시간입니다. 세 살쯤 아이와 어떤 활동을 하고 놀면 좋을까요? 대다수의 아빠는 신체놀이를 해주고 엄마는 그림책 읽기나 감각놀이를 많이 하게 되죠.

"너랑 함께하니까 더 재밌어!"
"엄마 아빠는 너랑 놀 때 제일 즐겁더라."
"너에게 책을 읽어주면 정말 행복해."

아이랑 놀면서 꼭 해주는 말입니다. 물론 아이의 눈높이에 맞추어 노는 것은 때로는 지루하고 재미없고 힘든 일이기도 합니다. 절대 한 권으로 만족하지 못하는 아이를 위해 그림책을 과장된 목소리로 연거푸 대여섯 권씩 읽어야 하고, 공 던지기를 하면 한시도 쉬지 못하고 굴러간 공을 주우러 다녀야 합니다. 저도 사람인데 매 순간 신난다고 말하는 것은 거짓이겠죠. 아이가 혼자 놀았으면 좋겠다는 생각이 간절할 때도 있습니다.

더구나 엄마나 아빠가 낮에는 일을 하고 저녁이나 주말에는 밀린 집안일을 처리하느라 아이에게 온전히 집중해서 놀아주지 못하는 때가 많습니다. 체력이 남다른 아이는 지치지도 않고 '더, 더, 더'를 외치지만 부모는 몸도 마음도 따라가지 못합니다. 자식이 진정 무서워지는 순간이죠.

제 아이는 지금까지도 각종 보드게임하는 것을 가장 좋아합니다. 그런데 저는 사실 게임을 좋아하지 않습니다. 저희 아빠가 바둑이며 장기를 가르치려 할 때도 온갖 핑계를 대며 도망 다녔습니다. 결국 바둑도 장기도 배우지 못했죠. 주사위를 던져서 땅을 사는 흔한 보드게임도 별로 해본 적이 없습니다. 그런 제가 마흔 살이 되어서 아이 때문에 체스를 배웠습니다. 존재하는지도 몰랐던 각종 보드게임의 규칙 설명서를 읽는 일, 아이와 매일 보드게임을 하는 일이 요즘 일상이 되었습니다.

부모는 아이가 혼자서 잘 놀면 얼마나 좋을까 싶은데도 아이는 부모와 함께하면서 너무도 즐거워합니다. 그래서 저는 일부러 시간을 내서 아이와 놀면서 아이에게 집중하려고 노력합니다. 무엇을 하느냐보다 함께한다는 것에 초점을 맞춥니다. 아이가 한 살이라도 어릴 때 행복한 시간을 더 많이 보내야 하기 때문입니다.

아이와 몸놀이, 감각놀이 등을 하는 이유는 단순합니다. 함께 놀면서 많은 것을 자극해줄 수 있기 때문입니다. 딱히 머리가 좋아지게 하거나 무언가를 가르치려고 하지 않습니다. 함께하는 이 순간, 타인과 함께 보내는 시간이 즐겁다는 것만 가르쳐도 충분한 자극이 됩니다. 이렇게 부모가 자신과 함께 있을 때 즐거워한다는 것을 경험해본 아이는 타인과 무언가를 함께할 때 주저하지 않습니다. 다소 어려운 문제를 가지고 모였을 때도, 때로는 마음이 맞지 않을 때도 협력해서 잘 해결해 나갈 수 있다는 믿음을 갖게 됩니다.

아이는 부모를 통해 인간관계를 배웁니다. 가족 구성원 사이의 관계는 아이가 경험하는 첫 사회입니다. 부모와의 관계는 아이가 처음으로 경험하는 친밀한 관계의 교과서가 됩니다. 가정에서의 관계는 아이들에게 매우 중요한 역할을 합니다. 부모와 함께 놀면서 아이는 저절로 함께함과 협력을 배웁니다.[25] 부모와 긍정적인 관계를 맺으면 아이는 타인과의 협력이 즐겁고 행복하다는 것을 온몸으로 경험하게 되죠.[26]

도덕성은
인지 발달과 함께 자란다

≈

스위스 발달심리학자 장 피아제Jean W. F. Piaget는 인지 발달 이론에서 타인을 먼저 생각하며 협력하는 것은 복잡한 인지 능력의 발달을 필요로 한다고 주장했습니다.[27] 그는 도덕성 판단 발달단계를 타율적 도덕성Heteronomous Morality과 자율적 도덕성Autonomous Morality의 두 시기로 구분했습니다. 타율적 도덕성은 유아기 아이가 어른이 제시한 규칙을 따르는 행동을 의미합니다. 이 시기 아이는 타인의 관점을 이해하기 어렵기에 자발적으로 협력하거나 이타성을 발휘하기가 쉽지 않습니다. 즉 도덕적 판단을 자율적으로 하지 못한다는 말입니다.

하지만 아이는 커가면서 점차 자율적 도덕성을 발달시키게 됩니다. 그러면 규칙을 협상할 수 있고 결과보다는 의도와 맥락을 고려한 도덕적 판단이 가능해집니다. 또 타인의 관점에서 생각할 수 있기에 협력과 이타성의 발휘가 가능해지죠.[28] 아이는 다양한 사람들과의 상호작용을 통해 사회적 기술과 도덕적 이해를 발달시키고 협력이나 공평성, 타협 등의 이타적인 행동을 배웁니다.[29]

자율적 도덕성이 발달하는 시기는 아이마다 다르지만 대체적으로 초등학교를 다닐 시기는 되어야 한다고 말합니다. 어른에게는 쉬운 협력의 행동이 3세 무렵 아이에게는 아직 어려울 수 있다는 것이지요. 도덕적 판단은 인지적인 발달과 함께 진화하며 사회적 경험이 쌓여야만 자연스럽게 수행이 가능합니다.[30]

가족 안에서
이타심을 배우는 시간

≈

부부 사이를 제외하고 가족은 '선택 없이 맺어진 관계'입니다. 부모는 자기 의지로 아이를 선택한 것이 아니고, 아이 역시 스스로 원해서 부모를 결정한 것이 아닙니다. 수많은 우연과 필연의 작용으로 특별한 인연이 닿아 가족이 되는 것이지요.

하지만 가족이라고 해도 모두가 개별적인 존재입니다. 그러니 성격이나 취향, 관심사가 다른 것은 당연한 일이지요. 세상 그 어떤 사람도 성격과 취향, 관심사가 나와 완전히 동일할 수는 없습니다. 그럼에도 사랑하는 가족이라면 서로의 성격을 이해하고, 받아들이고, 취향을 존중하고, 관심사를 공유합니다. 그것이야말로 건강한 관계를 이루는 근간입니다. 가족이라는 안전하고 건강한 관계의 토대 위에서 아이들은 협력과 같은 이타성을 발달시킵니다.

3세 무렵의 아이들은 협력과 같은 추상적인 개념은 이해하기 어려워합니다. 추상적 개념을 담당하는 뇌가 아직 발달하지 않았기 때문이죠. 그렇다고 해서 그런 개념의 토대가 되는 행동들을 가르칠 수 없는 것은 아닙니다. 인간에게는 태어날 때부터 주어지는 감정이라는 강력한 본능이 있기 때문이죠. 어린아이들도 자신을 기분 좋게 하는 행동을 반복적으로 하고 싶어 합니다. 오히려 복잡하게 사고하지 않기 때문에 감정에 더 많이 의존합니다.

아이들에게 협력을 가르치려면 아이와 함께하는 시간이 행복하다는 것을 알려주면 됩니다. 최근 연구에 따르면 부모가 아이와의 놀이를 중요하게 여길수록 아이들이 협력과 같은 사회적 기술을 더 잘 배운다고 합니다.[31] 부모와 놀 때 긍정적인 감정을 느낀 아이들은 타인에 대한 공격성과 불안감이 적으며 다른 인간관계에서도 더 협력적으로 행동합니다.[32]

아이와 억지로 '놀아주는' 것이 아니라 적극적으로 함께 놀아야 합니다. 아이의 얼굴에 웃음꽃이 피고 엄마와 아빠도 뿌듯함을 느껴야 합니다. 부모가 아이와 함께 시간을 보내고 놀이를 통해 상호 작용하는 것은 아이의 협력적 행동과 사회성 발달을 촉진하는 데 중요한 요소입니다.

아이가 타인과 협력하며 이타적으로 잘 지내는 것의 이득을 인지적으로 알려면 오랜 시간이 걸립니다. 하지만 함께 있는 시간의 기쁨을 아는 것은 어렵지 않습니다. 아이가 부모와 함께하며 큰 기쁨을 느끼는 시간은 생각보다 짧습니다. 청소년이 되기 전까지 10여 년뿐이죠. 어렸을 때 느낀 그 기쁨은 이후 수십 년 동안 맺어갈 사회적 관계의 초석이 됩니다. 부모와의 관계가 행복하고 즐거웠던 아이는 세상 밖에서도 행복하고 즐거운 관계를 맺게 됩니다.

Step 3

감정 조절과 사회성을 기르는 말

어린아이가 울음을 통해 감정을 표현하는 것은 자연스러운 의사소통의 방법입니다. 하지만 어느 정도 말이 통하는 아이가 자꾸 울면 부모는 스트레스를 느끼고 당황하기도 합니다. 이럴 때는 잠시 멈추고, 아이의 울음은 도움이 필요하다는 감정 표현이라는 점을 인식해주세요. 복잡한 감정을 느끼기 시작했지만 적절히 처리하지 못해서 울음이 잦아질 수 있습니다. 아이의 감정을 존중해주는 것은 부모에게도 필요한 따뜻한 허용입니다. 아이의 감정을 수용하는 순간, 부모 또한 자신의 감정에 좀 더 여유롭고 친절해질 수 있습니다. 부모는 일상 대화를 통해 아이의 감정을 지지해주고 지원해주어야 합니다. 그래야 아이는 감정 조절 능력을 키울 수 있습니다. 가정에서의 정서적 지원을 통해 사회적 기술을 함양할 수 있는 발판을 마련해주세요.

감정 인식과 표현

· 무심코 하는 말 ·
"오늘 재밌었어?"

· 들려줘야 할 말 ·
"오늘 가장 속상한 일은 뭐였어?"

아이가 네 살 때 기관을 다니기 시작하면서부터 자기 전에 오늘 가장 행복한 일, 속상한 일, 즐거운 일, 화가 나는 일, 감사한 일 등에 대해 대화를 나누었습니다. 아이에게 일방적으로 묻는 게 아니라 저나 남편도 하루를 돌아보고 있었던 일들을 이야기하며 감정을 공유했죠.

아이는 어른의 삶을 이해하지 못할 것 같지만, 대개 감정을 경험하는 순간들은 아이나 어른이나 엇비슷합니다. 아이는 부모와의 이런 대화를 통해 자신이 느끼는 다양한 감정들이 이상하거나 잘못된 것이 아니라는 점을 배웠습니다. '대단한 어른'처럼 보이는 엄마 아빠도 행복하고, 속상하고, 즐겁고, 화가 난다는 것을 알게 된 거죠.

어릴 때부터 서로의 감정을 공유할 수 있는 안전한 공간을 만드는 것은 중요합니다. 어떤 감정이든 괜찮다는 것을 알고, 언어로 표현하고, 서로 공감해주고, 해소할 수 있는 다양한 방법들을 이야기 나누는 것이 감정 조절의 출발점입니다. 감정 조절이 '태어날 때부터 당연히 타고나는 능력'이 아닌 '배우고 학습해야 할 기술'임을 알게 되는 것이죠.

구체적으로 매일매일 물어보는 감정 질문

≈

아이가 기관에서 돌아오면 저는 매일 "오늘 무슨 일 있었어?" 대신 구체적인 감정을 물어보았습니다.

"오늘 가장 화가 난 일은 뭐였어?"
"오늘 가장 고마웠던 일은 뭐였어?"
"오늘 가장 실망했던 일은 뭐였어?"

아이는 곰곰이 생각하고 나서 대답했습니다. 아이의 대답은 그때그때 달랐는데 그러면 자연스럽게 감정에 관한 이야기를 나누었습니다. 어떤 날은 좋아하는 사람이 자기 물건을 함부로 했을 때의 실망감에 대해서 이야기하고, 어떤 날은 허락 없이 자기 물건을 만지는 것이 얼마나 화나는 일인지에 대해서 이야기를 나누었죠.

아이에게 오늘 일을 물었는데 며칠째 같은 대답을 한다거나 "모르겠어"라고만 하는 답답한 상황도 종종 일어납니다.

"오늘 가장 속상한 일이 뭐였어?"
"오늘 누나들이 내 책에 낙서했어."
"정말 속상했겠다. 또 어떤 마음이 들었어? 엄마도 그런 일이 있으면 정말 속상했을 것 같아."

제 아이는 '오늘의 가장 속상한 일'이 누군가 자신의 책에 허락 없이 낙서한 것이라고 몇 주째 이야기한 적이 있습니다. 저는 이를 아이를 더 잘 알 기회로 생각했습니다. 반복해서 같은 사건을 가지고 대화를 나누면 다양한 감정을 더 깊이 있게 이해할 수 있기 때문이지요.

저는 아이와 몇 주가 지나도 '오늘'처럼 느껴질 정도로 강렬한 감정이 일어난 이유에 대해서 이런저런 대화를 나누었습니다. 자신의 물건에 흠집이 나서 속상했던 것인지, 허락을 받지 않은 것이 언짢았는지, 좋아하는 누나가 배신한 것 같은 생각에 실망스러웠는지 이야기를 주고받았습니다.

아이들은 시간 개념이 명확하지 않아서 시간 순서대로 기억하는 것이 어렵습니다.[1] 더구나 말을 막 배우기 시작한 아이는 어제, 오늘, 내일 등 시간 용어의 정확한 뜻을 아는 것이 쉽지 않습니다. 무엇보다 감정 경험은 기억에 더 선명하게 남습니다.[2] 그래서 '오늘' 일이 아니었는데 '오늘'처럼 느껴지기도 하고, 어떤 일이 있기는 했으나 말로 설명하기 어려워 '모른다'라고 대답하기도 합니다.

아이가 속상할 때 정확히 '왜' 그러는지 언어로 설명하지 못하는 것은 당연한 일입니다. 다양한 감정을 처음 느껴본 아이들은 끝이 안 날 것 같은 소용돌이 안에서 길을 잃을 확률이 높습니다. 아이의 감정에 공감해준 후에는 아이의 감정을 설명할 수 있는 언어를 제시해주면 아이는 이해할 수 없는 감정의 소용돌이가 '무엇'인지 천천히 알게 됩니다. 그러면 이후에 비슷한 감정을 느낄 때 조금 더 명확하게 언어로 표현할 수 있게 되죠.

정서 문해력의
기초 다지기

≈

감정은 본능적이고 자연스럽게 나타나는 반응입니다. 인간은 배우지 않아도 다양한 감정을 느끼죠. 하지만 감정 조절은 감정에 이름을 붙여 이해하며 받아들이고, 타인과 공유하고, 해소하는 방법을 배우고 연습해야 하는 '기술'입니다.

미국의 심리학자인 캐럴 이저드Carroll Izard에 의하면 감정 조절은 인지 능력과 밀접한 관계가 있으며 인간은 감정과 인지의 상호작용을 통해 결정을 내리고 행동한다고 합니다.[3] 감정은 대개의 경우 자동적인 반응이지만, 이런 반응은 그 이후 더 복잡한 인지 과정과 얽혀 있기에 우리 삶의 전반에 지대한 영향을 미칩니다. 감정을 잘 인식하고, 평가하고, 표현하는 것이 중요한 이유입니다. 또 감정을 유용한 신호로 활용하기 위해서는 감정의 성질을 이해하고, 부정적인 감정을 긍정적으로 전환하고, 부정적인 감정을 느끼는 상황을 의식적으로 개선하려는 노력이 필요합니다.[4]

역량 교육의 방향을 새롭게 탐색하기 위해 경제협력개발기구 OECD에서 주관하는 대규모 프로젝트 '교육 2030Education 2030'에서는 '태도와 가치'를 교육의 핵심 구성요소로 제시했습니다.[5] 특히 인성 교육의 중요성을 강조했는데, 좋은 인성을 키우기 위해서 반드시 갖추어야 하는 것이 '정서 문해력'입니다. 정서 문해력이란 자신과 타인의 감정을 이해하고 받아들이며 감정을 건강하게 표현하는 능력을 총칭합니다.[6] 책을 읽고 글을 쓰며 키워가는 '언어 문해력'과 마찬가지로 '정서 문해력'을 높이려면 배우고 학습하고 연습해야 합니다.

미국의 심리 치료사인 클로드 스타이너Claude Steiner는 정서 문해력을 키우는 다섯 단계를 아래와 같이 제시했습니다.[7]

① 자신의 감정을 인지한다 Knowing your feelings
② 공감 능력을 가진다 Having a sense of empathy
③ 감정 조절을 배운다 Learning to manage our emotions
④ 정서적 문제를 해소한다 Repairing emotional problems
⑤ 종합하여 정서적으로 상호작용한다 Putting it all together: emotional interactivity

이러한 정서 문해력을 키우는 첫 '교육의 장'은 가정입니다. 부모가 아이의 감정에 관심을 기울이고 긍정적인 반응을 보이는 것은 감정 조절 능력을 키우는 데 필수입니다.[8] 부모는 아이의 감정에 긍정적으로 반응하고, 아이에게 자연스러운 감정 표현과 조절 모습을 직접 보여주고, 감정을 드러내도 안전한 환경을 제공해야 합니다. 그래야 아이의 정서 문해력의 기초가 다져

집니다.[9]

　아이와 하루의 감정을 이야기하는 것은 자신의 감정을 인지하게 해주고, 서로의 공감 능력을 키워주며, 감정을 조절하는 다양한 사례를 배우게 합니다. 무엇보다 부모와 감정을 주제로 안전하게 대화할 수 있음을 아는 것은 정서적 문제를 해소하는 데 큰 도움을 줍니다. 감정적인 문제가 생겼을 때 언제든 공유하고 논의할 수 있는 대상이 있다는 것은 스트레스를 완화시켜 줍니다. 감정에 대해 자유롭게 이야기하는 것은 자신의 감정뿐 아니라 타인의 감정에 대한 이해력도 높입니다. 이 모든 과정을 통해 가정 내에서 정서적으로 건강한 상호작용을 연습한 아이는 정서 문해력이 좋아질 수밖에 없습니다.

　정서 문해력은 가정 밖의 상호작용에도 확장되며 타인뿐 아니라 스스로와 건강한 관계를 맺는 토대가 되어줍니다.

감정 조절 전략

· 무심코 하는 말 ·
"짜증 그만 내!"

· 들려줘야 할 말 ·
"기분이 안 좋을 때는 어떻게 해주면 좋겠어?"

"짜증 그만 내라고!"
"왜 이렇게 화를 내!"
"소리 지르지 마!"

부모라면 아이와 함께 감정을 폭발시킨 경험이 한 번쯤은 있죠? 네, 물론 저도 있습니다. 반성하건대, 한 번이 아니었겠죠. 극도로 흥분한 아이 앞에서 침착함을 유지하는 것은 정말 쉬운 일이 아니니까요.

"아이가 짜증을 내면 저도 짜증이 나요."

"아이가 화를 내면 저도 모르게 화를 내요."

"아이가 소리를 지르면 저도 목소리가 높아져요."

이렇게 말씀하는 부모님들도 많습니다. 다들 아이 때문에 자기 감정이 격앙되었다고 생각합니다. 아이가 없었을 때는 대체로 평정심을 유지했는데, 아이와 함께하는 시간이 길어질수록 감정적이 되는 스스로를 질책하기도 합니다.

하지만 정말 아이 '때문에' 화가 난 것인지, 그 누구도 자극하지 못했던 내면의 깊은 '트리거trigger'를 아이가 건드린 것인지 곰곰이 생각해보아야 합니다. '트리거'란 특정 자극(사건, 말, 상황 등)이 과거 경험이나 감정을 떠올리게 해서 강렬한 정서 반응을 유발하는 것을 말합니다.

아이의 감정 표현은
부모의 성적표가 아니다

≈

부모와 아이 사이는 그 어떤 관계보다 가깝고 친밀합니다. 특히 미취학 아이는 부모와 많은 시간을 함께하며 신체적, 심리적,

정서적으로 매우 가까운 거리를 유지합니다. 그러면서 다른 관계에서는 잘 숨기거나 외면했던 자기 안의 상처나 과거의 트라우마들이 파헤쳐집니다.[10] 아이가 기분이 안 좋다고 하는 것이 부모로서 자신의 실패로 느껴지기도 합니다. 최선을 다했는데도 계속 칭얼대는 아이를 눈앞에서 보는 일은 고역입니다. 확실히 육아는 불확실하고 어렵습니다.

아이의 어떤 행동이나 말이 자신의 트리거를 자극하는지 알면 반응을 통제하기가 더 수월해집니다. 아이가 감정의 소용돌이에 빠졌을 때 함께 빨려 들어가면 아이에게 감정 조절을 가르칠 수 없습니다. 그래서 원인을 정확히 파악하는 것이 중요합니다.

저는 독립심을 강조하는 집안에서 자랐습니다. 지방의 가난한 집 출신인 부모님은 애 둘을 데리고 낯설고 물선 미국에 가서 식당 웨이트리스나 아파트 청소 같은 일을 하며 공부를 했을 정도로 독립적인 분들이었습니다. 그러니 아이들 또한 스스로의 삶을 개척해 갈 수 있도록 키웠지요.

부모님은 늘 바빴고 저는 뭐든 잘해내고 싶은 욕심이 가득한 장녀였습니다. 사실 저 또한 주저앉아 엉엉 울며 부모님께 기대고 싶었던 순간이 있었죠. 하지만 새롭게 마주하는 삶의 도전을 매번 부모님이 함께해줄 수 있는 환경이 아니었습니다.

"안 가고 싶어. 혼자 못 들어가겠어."

그래서 아이가 이런 식으로 의기소침해져서 눈물을 뚝뚝 떨어뜨릴 때마다 크게 심호흡을 해야 합니다. 기분이 잔뜩 안 좋아진 아이한테 별거 아닌 일로 울지 말고 그냥 하라고 부추기다가 의도치 않게 서로에게 상처를 준 적이 많았기 때문입니다. 모든 새로운 도전 앞에서 망설이는 아이는 제가 꽁꽁 숨겨두었던 내면의 아이를 마주하게 만듭니다. 특히 부모와 떨어지는 것을 두려워할 때면 어찌해야 할 바를 모르겠습니다.

"진짜 보고 싶으면 전화해도 되지?"

아이의 말을 들으며 어렸을 때 저도 이렇게 부모의 바짓가랑이를 붙잡고 울고 싶었을 거라는 생각도 어렴풋이 듭니다. 하지만 '그만하고 씩씩하게 나아갔으면 좋겠다'라는 마음도 공존합니다. 칭얼대며 마음 약한 소리를 하는 아이에게 뭐라고 해야 할지 몰라 갈팡질팡하다가 팍 짜증이 올라오기도 합니다.

인간의 뇌는 귀로 들은 말보다 눈으로 보고 몸으로 경험한 행동을 더 쉽게 학습합니다. 불안하고 걱정된다며 울었을 때 부모가 외면했다면 자신의 아이에게도 그대로 행동하는 것이 관성적으로 쉽습니다. 부모의 행동이 마음에 안 들어 반항한 경험도 있을 것입니다. 하지만 대개의 경우 부모를 이길 수 없기에 도망을 가거나 얼어붙었을 확률이 더 큽니다. 이제 성인이 되어 그럴 필요가 없는데도, 특정 상황에서는 내면의 아이가 툭 튀어나옵니다. 외부의 부정적인 자극에 도망을 가거나 얼어붙는 것이죠.

"엄마가 어떻게 대답해주면 좋겠어? 어떻게 도와줄까?"
"전화해도 된다고 말하는 것만으로도 마음이 편해져. 해도 된다고 말해줘."
"그래, 정말 힘들면 전화해도 돼."

"힘들면 전화해도 되지"라고 말하는 게 그리 어려운 일도 아닌데, 제가 경험해보지 않은 반응을 제공하는 게 쉽지 않았습니다. 그래도 아이가 기분이 안 좋고 마음이 가라앉았을 때는 제 멋대로 판단하거나 아이와의 실랑이에 빨려 들어가기보다는 "어떻게 해줄까?" 하고 물어보려고 노력합니다. 감정이 격앙될 때는 스스로 왜 그러는지 살피면서 의식적으로 심호흡을 합니다. 어찌해야 할 바를 몰라 갈팡질팡하다가 빽 소리를 지르는 것보다 그게 훨씬 낫습니다.

아이가 기분이 안 좋을 때 부모도 덩달아 감정적으로 굴면 아이는 감정을 조절하는 방법을 배우지 못합니다. 짜증 내는 아이에게 짜증을 내는 투로 침착하게 말하는 법을 가르친다는 것은 말이 안 되니까요.

연구에 따르면, 부모의 감정 조절 능력은 자녀의 감정 조절 능력에 직접적인 영향을 미칩니다.[11] 부모가 자신의 감정을 잘 조절할 수 있을 때, 아이들도 감정을 보다 효과적으로 조절할 수 있습니다. 아이들이 부모의 감정 표현과 반응을 관찰하고 모방하기 때문입니다. 부모가 감정을 잘 조절하지 못할 경우, 아이들은 부모의 스트레스를 감지합니다. 부모가 감정적으로 불안정하거나 스트레스를 받는 모습을 자주 보일 때 아이들도 비슷한 감정 조절 문제를 겪을 가능성이 높습니다.[12]

아이는 감정 조절법을 잘 알지 못할뿐더러 능숙하게 해낼 인지적 자원이 부족합니다. 부모는 그런 아이를 위해 '공동 조절co-regulation'을 해줄 수 있습니다. 감정의 소용돌이 안에서 길을 잃지 않도록 아이를 안내하고 돕는 역할을 하는 것이죠. 공동 조절을 잘하기 위해서는 도움을 주려는 어른이 먼저 자신의 감성을 잘 알고 조절한 후에 아이가 감정을 조절해 나가도록 도와야 합니다. 이런 상호작용을 통해서 아이는 마음의 안정을 느낄 뿐 아니라 감정이 격앙될 때 어떻게 해야 하는지를 직접 목격하고 경험합니다.[13]

부모가 아이의 감정을 이해하고, 받아들이고, 해소할 수 있도록 돕는 것은 정서적 안정성과 건강한 감정 조절의 토대가 됩니다.[14] 특히, 아이들의 부정적인 감정과 마주했을 때 보여주는 부모의 반응은 아이의 감정 조절 능력 전반에 영향을 미칩니다. 사춘기에 접어들면서 경험하게 되는 복잡한 사회적 관계와 상황에서 이러한 능력은 빛을 발합니다.[15]

자전거를 배우듯
감정 조절을 배운다

≈

감정 조절을 배우는 것은 자전거 타는 법을 배우는 것과 크게 다르지 않습니다. 처음에는 균형 잡기도 어려워해 부모가 잡아주어야만 바로 설 수 있습니다. 아이가 페달을 밟는 것처럼 보이지만 사실 부모가 자전거를 밀어주는 것에 가깝습니다. 하지만 점차 아이는 페달을 더 힘차게 밟고 균형도 잡을 수 있게 됩니다. 그러다가 어느 순간 혼자 자전거를 타게 됩니다.

부모가 처음에 자전거를 잡아주지 않아도 결국 아이는 자전거를 혼자 타게 될지도 모릅니다. 하지만 그 과정은 훨씬 길고 때로는 고통스러울 것입니다. 감정 조절도 마찬가지입니다. 부모가 안정적으로 도와주지 않으면 감정을 건강하게 조절하는 방식을 배우기가 어렵습니다.

> "엄마는 화가 날 때 잠시 혼자 있으면 도움이 되더라. 네가 이런 기분일 때 어떻게 도와주면 좋을까?"

아이는 부모와는 전혀 다른 독립적인 인격체입니다. 부모의 기분이 나아지게 하는 방법이 아이의 기분을 더 나쁘게 하기도 하고, 부모에게는 아무런 효과가 없는 방식이 아이에게는 반드시 필요할 수도 있습니다. 그래서 서로에게 방법을 물어보고 언어로 표현하는 연습이 필요합니다. 부모의 감정 조절 능력이 아이에게 중요하다는 것을 인지하고 부모도 연습을 해야 합니다. 아이에게뿐 아니라 스스로에게도 기분이 안 좋을 때 어떻게 해줄지 자주 물어주세요.

> "아까 안아주니까 기분이 훨씬 나아졌어. 다음에도 속상할 때는 안아줘."
> "전화해도 된다고 말해주니까 마음이 한결 편해졌어."
> "잠깐 방에 혼자 누워 있으니까 기분이 조금 좋아졌어."

서로 기분이 나아진 후에 어떤 방법이 효과가 있었고, 어떤 것들은 별로 효과가 없었는지 이야기를 나눠보세요. 많은 시도와 시행착오가 필요하겠지만, 세상의 모든 가치 있는 것들은 학습의 과정을 거쳐야 비로소 자기 것이 됩니다. 그전까지는 훌륭한 스승과 시간이 필요하죠. 아이의 감정을 이해하고 지원해주는 과정을 통해, 아이는 점차 자신의 감정을 건강하게 조절하는 능력을 키울 것입니다.

책임감

· 무심코 하는 말 ·
"부모가 그럴 수도 있지!"

· 들려줘야 할 말 ·
"엄마 아빠가 미안해."

　인간관계는 완벽할 수 없습니다. 완벽하지 않은 인간들이 관계를 맺고 살아가니 당연한 일이겠죠. 완벽하지 않은 관계에서는 서로에게 상처를 주는 일이 생길 수밖에 없습니다. 부모와 아이의 관계는 특별하고 복잡합니다. 세상에 딱 하나뿐인 대체 불가능한 관계죠. 완벽하지 않은 두 사람이 서로를 이토록 사랑하는 것은 신비로운 일입니다.

　하지만 아무리 사랑하는 사이라 하더라도 여전히 완벽하지 않은 사람들이 맺는 완벽하지 않은 관계입니다. 완벽하기를 꿈꾸며 노력하기에 되레 서로에게 상처가 되는 아이러니한 일이 자주 일어납니다. 이럴 때 관계를 단단하게 유지시키는 가장 간단하고도 어려운 말이 "미안해"입니다.

"엄마가 오늘 피곤해서 목소리가 커졌어. 미안해."
"안 된다고 말하는 게 불편해서 물어보는 너를 나무랐어. 미안해."
"예상치 못한 일이 생겨서 약속을 지키지 못했어. 미안해."

저는 아이에게 사과를 자주 합니다. 상처도 주고 실수도 하는 인간이니까요. '부모인데 그럴 수 있지'라는 생각이 들 때도 있습니다. 아이를 위해 해주는 게 얼마나 많은데, 이런 것까지 사과해야 하나 같은 치사한 마음도 듭니다. 또 어린아이는 부모를 너무도 사랑하고 부모의 인정과 관심을 열렬히 바라기 때문에 사과하지 않아도 금세 부모를 보며 웃어줍니다. 그러면 슬며시 그냥 지나가고 싶어지기도 합니다.

게다가 저는 부모님께 사과를 많이 받아보지 못했습니다. 부모님의 잘못이 아닙니다. 우리는 그저 그런 시대를 살았을 뿐입니다. 상처를 주고도 사과를 하지 않는 부모를 둔 아이의 마음속에서는 복잡한 생각들이 꼬리에 꼬리를 뭅니다.

'내가 부족해서 엄마 아빠가 소리를 지르는 거겠지. 나는 쓸모없는

'아이야.'
'자꾸 질문을 하니 귀찮아졌겠지. 질문은 나쁜 거야.'
'엄마 아빠한테는 나랑 한 약속은 중요한 게 아닌가 봐. 내가 더 노력해야 해.'

이런 말들이 아이의 내면에서 울려퍼질 수 있습니다.

사과하고 배우고 신뢰 쌓기

인간이기에 당연히 실수를 합니다. 아이와의 관계에서 잘못된 말이나 행동을 하기도 하죠. 서로 사과를 하는 관계는 신뢰를 기반으로 하는 관계입니다. 사과는 자신이 한 행동으로 인해 타인에게 끼친 피해에 대한 최소한의 책임을 지는 행동입니다. 가정 내에서 신뢰가 무너졌을 때 사과는 부모와 아이 사이의 건강한 관계를 위해서 반드시 해야 할 선행 조건입니다.[16]

잘못했을 때 인정하고 사과하는 부모 밑에서 자란 아이들은 인간관계에서 일어나는 실수와 갈등을 건강하게 다룰 줄 알게 됩니다. 아이들은 부모의 행동을 관찰하면서 어떤 어른이 될지

배우기 때문입니다.

아이가 먼저 사과를 해야 한다거나 어른은 사과하지 않아도 된다고 생각할 수도 있습니다. 하지만 아이는 어른의 행동을 보고 배웁니다. 당연히 어른이 먼저 사과해야 합니다. 어른이 사과하지 않는 사회는 발전이 없습니다. 나이가 더 든다고 완벽해지는 것이 아닌데, 단지 몇 년 더 살았다는 이유만으로 '무조건 옳다'고 우기는 것이기 때문이죠. 요즘 아이들은 사과할 줄 모른다고 하는 말들이 많이 들려옵니다. 그런데 이게 아이들만의 잘못일까요? 가정 내에서 잘못했을 때 제대로 사과하고 사과받은 경험이 없었기 때문은 아닐까요.

누군가에게 잘못을 저지르면 가장 기분 나쁜 사람은 사실 자기 자신입니다. 잘못했다는 것을 인정하고 싶지 않을 때도 부정적인 감정은 남습니다. 그런 상황에서 사과를 하는 것은 상대에 대한 배려이자 친절일 뿐 아니라 자신의 감정을 돌아볼 기회가 되기도 합니다. 사과를 받는 사람은 공감받는다는 생각이 들고, 사과하는 사람은 감정을 조절할 기회를 얻습니다.

사과하는 것은 아이에게 실수가 '괜찮다'는 것도 알려주는 기회가 됩니다. 관계에 금이 가면 그걸로 끝이 아니라 다시 복원하면 된다는 것을 보여주죠.[17] 이는 부모와 아이의 관계에 긍정적인 영향을 미칠 뿐 아니라, 아이에게 적절한 사회 기술을 가르쳐주는 행위입니다. 사과를 통한 관계 회복의 단계를 직접 보여주면 아이는 잘못을 했을 때 사과를 하는 것이 좋다는 사실을 알게 됩니다. 이런 아이는 건강한 관계를 맺으며 심리적으로 안정되게 성장합니다.

부모가 자신의 잘못을 책임지지 않으면 아이는 많은 고민을 하게 됩니다. 부모의 잘못된 행동이 자기 때문에 일어났다는 착각을 하게 되는 것이죠. 특히 통제적이고 사과를 안 하는 부모 밑에서 자란 아이들은 불안이 높고 자존감이 낮아집니다.[18] 사과를 받은 아이는 타인의 그릇된 행동이 나로 인한 것이 아니라는 점을 배우게 됩니다. 인간은 완벽하지 않기에 각자 문제를 가지고 있고 그런 문제로 인해 타인에게 상처 줄 수 있음을 알게 되는 것이죠.

세 아이의 부모이자 임상심리학자 베키 케네디Becky Kennedy 박사는 부모가 아이에게 하는 사과의 중요성을 강조했습니다. 케네디 박사는 아이에게 실수를 설명하고, 진정성 있게 사과하고, 미래에 비슷한 실수를 하지 않을 방법을 서로 논의하라고 제안합니다.[19]

육아의 목표는 완벽한 부모가 되는 것이 아닙니다. 완벽하지 않은 순간에 실수를 인정하고, 실수로부터 배우고, 사과를 통해 관계의 신뢰를 다지는 것을 목표로 해야 하죠.

사과하는 것이
독이 되는 경우

≈

자신의 삶에 대한 선택과 결정, 그리고 당장 바꿀 수 없는 환경에 대해서는 사과하지 말아야 합니다.

"엄마 아빠가 일을 해서 같이 많이 있어주지 못해서 미안해."
"동생을 낳아주지 못해서 미안해."
"비싼 학원에 못 보내주어서 미안해."

아이에게 이런 일로 사과를 반복하면 아이도 자신이 내리는 삶의 선택과 결정들, 그리고 타고난 것들에 대해서 타인에게 사과해야 한다는 인식을 가질 수 있습니다. 약속한 시간보다 늦어서 사과를 할 수 있고, 주말에 놀러 가기로 했는데 못 가게 되었다면 사과를 할 수 있습니다. 인간관계에서 일어날 수 있는 실수와 오해에 대해서는 당연히 사과를 해야 합니다.

하지만 부모가 치열하게 고민한 삶의 결정은 사과할 일이 아닙니다. 물론 사랑하는 사람들에게 영향이 갈 수 있으므로 상황을 설명하고, 설득하고, 이해시키려고 노력해야 하지만 미안해할 필요는 없습니다.

관계 속에서 일어나는 그릇된 상호작용에 대해서는 사과를 하지 않고 삶의 선택과 결정에 대해 사과를 하면 아이는 '타인의 인정을 받기 위해 타인의 욕구를 우선시하는 사람'인 피플 플리저people pleaser로 성장할 확률이 큽니다.

부모가 자신의 인생에 대해 내린 선택과 결정을 끊임없이 사과하면 아이는 선택 자치권을 위협받게 됩니다. 타인의 마음에 들지 않는 선택을 내리면 사과를 해야 한다고 배운 아이는 결정을 내릴 때 자신감이 없어집니다. 그러면 진실한 자기표현을 하기보다는 남의 요구에 순응하거나 인정받는 것을 우선시하게 되는 거죠.

부모의 마음에 드는 선택을 해야 한다고 압박을 받은 아이는 어른이 되어서도 자존감이 낮으며 불안하고 우울한 증상을 보일 확률이 높습니다.[20] 또 자신을 희생해서 애정을 얻을 만큼 사회적 불안이 높으면 진정성 있고 따뜻한 관계 맺기를 어려워하게 되죠. 자신의 욕구를 잘 표현하지 못하기 때문에 관계 만족도가 낮고 갈등이 많습니다.[21]

"미안하다고 해야지."

사과하는 법을 배워야 한다고 생각하는 많은 부모가 아이들에게 하는 말입니다. 대개 부모도 다른 사람의 눈치를 보면서 아이에게 사과를 강요하는 것이죠. 심지어 자기 아이가 사과할 상황이 아닌데도 상황을 모면하기 위해 채근하는 경우도 있습니다.[22] 사과는 스스로 나의 잘못된 행동에 책임을 지겠다는 의사 표현이기에 타인에게 상처를 주면서 생겨난 부정적인 감정을 조절해줍니다. 강제로 하는 사과에는 그런 효과가 없죠. 사과를 강요받은 아이들은 진정으로 상황을 이해하거나 상황을 개선하려는 노력을 하기보다 남의 눈에 들기 위해 피상적인 행동을 할 확률이 커집니다. 원하지 않는 상황에서 사과를 강요받으면 오히려 반감이 생기기도 합니다.

아이에게 사과의 의미를 가르치는 것은 중요합니다. 아이가 미안해야 할 상황이라면 상대의 기분이 어떨지, 아이의 기분은 어떤지 충분히 생각하고 대화를 나눠야 합니다. 사과를 받아야 하는 상황에서 사과를 받은 아이는, 사과해야 하는 상황에서 사과하는 법을 배웁니다.

관계의 기술은 하루아침에 완성되지 않습니다. 인간관계의 중요한 기술을 연습 중인 아이에게 먼저 모범을 보여주면서 차근히 기다려주세요.

갈등 해결

· 무심코 하는 말 ·
"그게 대체 무슨 말이야?"

· 들려줘야 할 말 ·
"엄마 아빠와 너의 생각이 다를 수 있어."

아이가 저에게 자주 하는 말이 있습니다.

"엄마 아빠랑 나랑 생각이 다를 수 있잖아."

이 말을 처음 들었을 때는 화가 나고 억울했습니다. '내가 너를 어떻게 키웠는데 나랑 다르다고 해!' 일장 연설을 하고 싶은 마음도 들었습니다. 하지만 수년간 제가 아이에게 가르치려고 했던 가치를 잘 배우고 있다는 생각이 들면서 차오르는 불만을 꾹 눌러 담았습니다.

"맞아, 엄마 아빠랑 윤우는 사랑하는 사이이지만 그래도 다를 수 있지. 부모와 너의 생각은 다를 수 있어."

그러면 아이는 만족스럽게 웃었습니다. 자신도 부모도 틀린 게 아니라 그저 다름을 아는 것만으로도 큰 위안이 됩니다. 다르다고 해서 서로를 미워하거나 싫어하는 게 아니라는 점을 알고 안심합니다.

저는 'agree to disagree'라는 표현을 굉장히 좋아합니다. 남편과 대화를 할 때도 자주 사용합니다. '서로 생각이 다르다는 것에 동의하기'로 하는 것이죠. 다름을 비난하거나 같음을 강요하는 게 아닌 다름을 그저 받아들이는 것입니다. 이 세상에 같은 사람은 없습니다. 우리는 모두 다른 환경에서 나고 자라서, 다른 가치와 목표를 가지고, 다른 습관과 방식으로 살아갑니다. '다름'은 서로를 확장시켜주는 긍정적인 요소입니다.

틀리다 대신 다르다

≈

전 세계의 콘텐츠를 방에서 볼 수 있는 시대이니 다른 나라에서 만든 콘텐츠도 쉽게 접하게 됩니다. 그러다 깜짝 놀랄 때가 많습니다. 우리에게는 지극히 상식적인 것이 다른 나라에서는 상상도 못 하는 일이기도 합니다. 반대로, 우리에게는 황당한 일들이 어떤 나라에서는 당연하기도 하죠.

하지만 아이러니하게도, 거대 기업들이 만든 '알고리듬'에 의해 콘텐츠를 소비하는 세상에서 인간은 점점 더 편협해지고 있습니다. 세상을 이분법적으로 '맞다', '그르다'라고 가르고 나에게 '맞는 것'만 보게 되니 어쩌다 '그른 것'을 보면 더욱 분노합니다. 자신의 가치관이나 신념, 판단에 맞는 정보만 받아들이고 나머지는 무시하는 확증편향이 점차 심해지는 것이죠.

세계인들과 심리적 거리가 좁아진 세상에서 알고리듬의 굴레에서 벗어나 풍요로운 삶을 살기 위해서는 '오답의 평가'가 아닌 '차이의 인정'이 중요합니다. 무엇보다 미래 사회의 구성원으로 잘 살아가기 위해서 키워야 할 '사회성'의 근간은 타인과 나의 차이를 받아들이고 인정하는 것입니다.

한국은 집단주의적인 나라입니다. 집단주의는 개인주의와 대비되는 개념으로 한국의 집단성에 대해서는 갑론을박이 많지만, 이러한 집단성은 좋거나 나쁜 것이 아닌 수많은 지리적, 관습적, 문화적 요소들의 결합이 빚어낸 현상일 뿐입니다.[23]

집단주의적 사회에서는 집단의 규범과 전통에 따라 행동해야 하며, 집단의 일치와 조화를 유지하는 것이 중요한 가치죠. 이러한 맥락에서 서로의 다름보다는 같음을 강조하고 '다르다'는 '틀리다'로 정의하려 합니다. 개인보다 집단이 중요하니 불화나 갈등을 피하고 집단의 화합을 유지하려는 이유 때문입니다. 한국의 문화에서 나고 자란 우리는 집단의 기대에 부응하고 집단의 목표에 맞추어 사는 것을 미덕으로 배웠습니다.[24] '엄마 친구 아들'이나 '아빠 친구 딸'이 무엇을 하는지 촉각을 곤두세우며 규범에서 벗어나지 않기 위해 노력한 것이죠. 어쩌면 이 집단주의가 우리나라를 초단시간 내에 세계 경제 대국으로 성장시킨 원동력인지도 모릅니다.[25] 국가 경제 발전이라는 목표에 국민 모두가 합심할 수 있었던 것도 이러한 성향 덕분이었겠죠.

한국 특유의 집단주의는 교육 시스템뿐 아니라 노동 시장에도 영향을 미쳐 숙련된 인력을 빠른 시간에 양성했습니다.[26] 하지만 이런 사회에서는 올바른 행동과 그렇지 않은 행동, 즉 정답과 오답이 명확히 규정됩니다. 개인의 독창성과 창의력을 억제하는 과거의 문화는 고도로 발전된 디지털 산업 국가인 현대의 대한민국에서 제고되어야 합니다.[27] 경제 발전 단계에서 도움이 되었던 집단주의를 더 발전시켜서 개인의 개별적인 특성을 받아들이는 화합에 이르는 것이 중요합니다.[28]

미래는 창의적 계층 creative class 이 경제 성장의 핵심 동력이 됩니다.[29] 집단주의적 문화가 강한 한국에서 이런 인재를 키워내려면 가정에서의 말부터 바뀌어야 합니다.

차이의 인정이 공동체의 화합을 저해하는 것은 아닙니다. 오히려 서로의 다름을 인정하고 배우고 받아들이면 더 끈끈하게 화합할 수 있죠. 인간은 적응하고 진화하는 동물이니까요. 그리고 미래 사회에 잘 적응하는 진화된 인간을 키워내는 것이 우리의 역할입니다.

"할머니랑 나랑 다를 수 있어."
"아빠랑 나랑 의견 차이가 있었어."
"친구랑 나랑 같은 생각을 안 할 수 있는 거잖아."

이렇게 이야기할 수 있는 아이가 미래를 사는 아이입니다.

1인칭에서 3인칭까지
관점의 발달

≈

하지만 아이는 아직 타인과 자기가 다르다는 것을 온전히 이해하기 어려워합니다. 다른 사람이 나와 다른 믿음을 가질 수 있다는 것을 알게 되는 '마음 이론 Theory of mind'은 생후 18개월부터 5세까지 발달합니다. 마음 이론은 다른 사람들의 생각, 감정, 믿음, 의도 등을 이해하고 예측하는 능력을 총칭합니다.

아이는 자신을 중심으로 생각하는 1인칭 시점에서 벗어나 18개월에서 2세 사이에는 다른 사람에게도 의도와 감정이 있음을 이해하기 시작합니다. 4~5세가 되면 점차적으로 더 복잡한 마음 상태(예: 믿음, 의도, 욕구)를 알 수 있습니다. 이 나이대의 아이들은 '거짓 믿음 False Belief Task' 과제를 수행할 수 있습니다.

아이에게 친구가 한 곳에 물건을 두고 자리를 떴다고 이야기를 해줍니다. 친구가 없는 사이 물건을 다른 곳으로 옮겼는데 친구가 돌아오면 어디를 찾을지 아이에게 물어봅니다. 친구가 원래 두었던 곳을 찾을 것이라고 하면 이 아이는 친구의 관점에서 상황을 볼 수 있기에 마음 이론에 대한 이해가 있습니다.[30]

또 다른 예시로, 사탕이 그려진 상자를 보여주고 뚜껑을 열어 안에 연필이 든 것도 보여줍니다. 그런 다음 친구에게 상자 안에 무엇이 들어 있을지 물어볼 것이라고 이야기해줍니다. 아이에게 친구의 대답이 무엇인지 예측해보게 하는데 이때 '사탕'이라고 하면 친구와 자신의 경험이 다름을 이해한 것입니다.[31]

그러나 다른 사람의 관점을 완전히 이해하고 존중하는 능력은 이후에도 한참 동안 더 발달해야 합니다. 그렇기에 이러한 믿음이 자리 잡기 시작하는 시기에 나와 타인은 다를 수 있다는 것을 부모가 가르쳐주는 방식이 중요합니다.

이제 막 다른 사람의 마음을 이해하기 시작한 아이에게 친구의 다름을 무조건 받아들이고 이해하라고 하면 너무 버겁습니다. 마음 이론을 실생활에 원활하게 적용하는 데는 시간과 노력이 필요하기 때문입니다. 아이에게 타인과 자기가 다르다는 것의 긍정적인 면을 가르치기 위한 가장 좋은 방법이 부모의 말입니다. 아이가 부모와 다른 의견을 내거나 엉뚱한 생각을 이야기했을 때 어떤 말을 해주느냐가 아이의 사회성을 키우는 근간이 되어줍니다. 나이도 경험도 다른 아이가 부모와 다른 시대를 살면서 다른 생각을 가지는 것은 너무도 자연스러운 일이라는 점을 가르쳐주세요.

Step 4

자기 이해와 주도성을 성장시키는 말

5세쯤 된 아이가 서툰 몸짓으로 무언가를 해내려는 의지를 보이면 걱정이 앞설 수 있습니다. 스스로 선택하고 결정을 내리는 경험은 자율성을 증진시키며, 이는 자기주도적 성장을 이루는 중요한 과정입니다. 새로운 도전에 부딪히는 아이를 대하는 부모의 태도는 아이가 앞으로 만들어갈 자기 개념의 씨앗이 됩니다. 그러니 아이의 작은 도전에도 지지와 격려를 아끼지 않아야 합니다. 매일 새로운 경험에 나서는 아이는 모든 일에 서툴 수밖에 없습니다. 이런 아이와의 상호작용은 부모의 인내와 이해를 요구하죠. 아이를 있는 그대로 받아들이고 아이의 약점까지도 특별하고 소중하다는 것을 자주 알려주세요. 아이는 부모의 반응을 통해 자기 수용과 연민을 배웁니다.

긍정적 자기 개념

· 무심코 하는 말 ·
"더 잘할 수 있잖아!"

· 들려줘야 할 말 ·
"너는 세상 하나뿐인 특별한 존재야."

제 아이는 학교에 들어가기 전까지 한 번도 '평가'를 당해본 적이 없습니다. 선행학습이나 학원, 과외와 같은 것들이 '좋다' 혹은 '나쁘다'는 논쟁에 뛰어들려는 것이 아닙니다. 대개의 사적인 교육기관은 자주 평가를 합니다. 그래야 교육의 성과를 측정하고 부모에게 내보일 수 있기 때문입니다. 학습과 배움보다는 평가에 무게를 둘 수밖에 없는 구조입니다. 그러니 아이를 그런 교육기관에 보내기 전에 영유아 시절에 타인과 비교당하는 평가가 정말 필요한지 진지하게 생각해보아야 합니다. 온 세상이 아이들을 평가하기 위해 혈안이지만, 사실 아이들에게 가장 필요한 것은 자신의 존재가 특별하고 소중하다는 단단한 믿음입니다.

"세상에 단 하나뿐인 특별한 존재는 누구지?"
"나! 최윤우!"
"맞아, 윤우는 세상 딱 하나뿐인 리미티드 에디션이야."

세상의 평가는 자기 믿음이 단단해진 후에나 자신에게 이로운 방향으로 건강하게 사용될 수 있습니다.

존재 자체는
비교의 대상이 아니다

≈

'칭찬을 이렇게 해야 한다, 저렇게 해야 한다'는 의견이 많습니다. 수많은 심리학 연구에 따르면 결과보다는 과정과 노력에 대한 구체적인 칭찬이 좋다고 합니다. 하지만 사실 그 어떤 칭찬보다 중요한 것은 과정이나 노력 혹은 결과가 없어도 존재하는 자체만으로도 특별하고 소중함을 알게 해주는 것입니다.

이런 말을 진심으로 해줄 수 있는 사람은 세상에 몇 되지 않습니다. 사회의 구성원으로 살다 보면 있는 그대로의 자신을 봐줄 수 있는 사람이 별로 없기 때문입니다. 그러니 부모가 많이 해주어야 합니다. 무조건적인 사랑과 존중은 외부 기관에 위임할 수 없는 부모의 고유한 특권입니다. 아이의 삶을 지탱하는 가장 중요한 축을 가정에서 담당하는 것이죠.

아무것도 하지 않아도 특별하다는 것을 알려주면 아무것도 하지 않는 아이로 자랄까 불안해지기도 합니다. 그렇게 하면 경쟁에서 어떻게 이길 수 있을지 걱정이 되는 것이죠. 하지만 우려와는 완전 반대입니다. 자기를 있는 그대로 수용하는 사람들은 자존감이 높습니다.[1]

'나'는 노력으로 변화하고 발전할 수 있는 영역도 있지만, 그렇지 못한 점들도 공존하는 복합적인 존재입니다.[2] 성공도 있으나 실패도 있고, 사회적 평가의 잣대에서 뛰어난 것도 있지만 그렇지 못한 것도 있습니다. 그래서 있는 그대로의 자신을 받아들이는 사람들은 자신의 단점이나 사회적 실패에도 더 잘 극복하고 자존감과 긍정적인 자기 개념을 유지합니다.[3]

긍정적인 자기 인식은 자존감의 중요한 축입니다.[4] 무엇인가를 해내지 않은 자신의 모습 그대로를 존중해야, 무엇인가 이루어내는 자신의 모습도 존중할 수 있습니다.

물론, 사회의 구성원으로 살면서 비교를 안 할 수는 없습니다. 사회적 비교는 생존을 위해서 반드시 필요합니다. 사회적 비교로부터 파생되는 질투는 인간의 가장 기본적이고 본능적인 감정 중 하나입니다. 질투나 부러움은 나쁜 감정이 아닙니다. 이런 감정을 건강하게 활용하면 특정 영역의 성장과 발전에 도움을 주는 원동력이 되거든요. 사회의 구성원으로 잘 살아가기 위해서는 이런 원동력이 필요할 때가 분명 존재합니다.

하지만 사회적 비교를 유용한 도구로 활용하기 위해서는 '나'라는 존재 자체는 비교 대상이 아니라는 점부터 알아야 합니다. '나의 특별함'은 경쟁하고 성취해야 할 대상이 아닙니다. 태어날 때부터 이미 '세상에 하나뿐인 특별함을 타고난' 것이지요. 이 근간을 어린 시절에 다지지 못하면 끊임없이 나를 증명해야만 존재 가치가 있다고 믿는 어른으로 성장할 확률이 커집니다. 그런 사람은 오히려 자신을 위한 성취를 제대로 해내지 못합니다. 무엇을 해도 부족하다는 생각에 불안해지기 때문에 자꾸만 주변을 두리번거리게 되는 것이죠.

우리는 끝을 향하는 게 아니라 과정을 살아간다

≈

'인생은 마라톤'이라는 말을 좋아하지 않습니다. 마라톤도 단기 달리기랑 다르지 않은 경쟁이기 때문입니다. '시합'은 출발선과 결승선 그리고 달려야 하는 트랙이 정해져 있습니다. 여타 다른 운동 경기들과 마찬가지로 비슷한 실력을 가진 사람들이 출전합니다.

인생은 이런 운동 경기와는 전혀 다릅니다. 우리는 모두 다른 출발선에 서서 다른 결승선을 바라봅니다. 사실, 어떤 길을 가고 있고 결승선이 어디에 있는지 자신조차 모릅니다. 그러니 인생은 마라톤이나 달리기가 아니라 세상 딱 하나뿐인 미지의 여정에 가깝습니다. 이 특별한 여정의 묘미는 사랑받고 사랑을 주며 자신을 더 행복하게 하는 길을 찾아 나가는 것입니다. 지나온 여정의 길은 성장의 서사이자 추억입니다. 꼬불꼬불 자신만의 길을 개척하는, 타인과 비교 자체가 불가능한 과정입니다. 때때로 멈추어 서서 주변을 두리번거리며 동기 부여를 받기도 하겠지만 딱 그뿐입니다. 그리고 이제 막 인생의 출발선에 선 아이에게 이 진리를 알려줄 수 있는 사람은 부모입니다.

요새 아이들을 너무 오냐오냐 귀하게 대해서 '버릇이 없다'라는 우려의 목소리도 있습니다. 하지만 특별한 존재로 존중받은 아이는 다른 사람도 특별한 존재로 존중합니다. 스스로가 귀하다고 남을 무시하는 사람은 결코 자존감이 높은 사람이 아닙니다. 타인을 깎아내려야 특별해진다면 세상 하나뿐인 존재라는 전제에 위배됩니다. 자기 아이가 소중하다고 세상이 자기 아이를 중심으로 돌아가야 한다고 생각하는 것 또한 왜곡된 소유욕입니다. 존중받는 삶이란 존중하는 삶입니다. 아이를 하나의 인격체로 존중하는 것과 부모의 소유물로 관리하는 것은 엄연히 다릅니다. 인격체에 대한 존중은 그 인격체의 주변 환경도 존중하는 것을 포함하니까요.

아이가 처음 태어난 때를 기억하나요? 열 달의 기다림 후에 아이를 처음 봤던 그 순간을 떠올려보세요. 세상에 딱 하나뿐인 소중하고 특별한 존재를 보며 환희에 차 가슴이 벅찼죠. 아이가 커가면서 점차 그 감정이 아련해지지만, 절대로 잊으면 안 됩니다. 아이의 존재 가치는 그 순간에 이미 '증명'된 것입니다. 과학으로는 가늠이 안 되는 확률을 뚫고 우리 집에 태어났다는 것 자체로 세상에 하나뿐인 특별한 존재입니다.

자기 수용과 자기 연민

· 무심코 하는 말 ·
"이것만 고치면 완벽해!"

· 들려줘야 할 말 ·
"너의 약점도 소중해."

제 아이는 3.92킬로그램의 우량아로 태어났습니다. 사흘이나 진통을 했는데도 나오지 않아서 결국 의학적 개입을 최소화하고자 찾았던 자연주의 병원에서 제왕절개를 하게 되었죠. 육아가 절대로 부모 마음대로 되지 않을 것이라는 점을 미리 알려주고 싶어서 그랬나 봅니다. 그랬던 아이가 기관을 다니기 시작했을 때는 또래보다 조금 마르고 작은 편에 속했습니다. 늦은 생일 탓도 있었지만, 부모의 작은 유전자 탓도 있겠죠.

"아유, 애가 좀 작나 보네."

지나가던 어르신이 슬쩍 던진 말에 아이가 저를 쳐다보았습니다. 물론 어르신도 악의는 없었겠지만 안 그래도 또래보다 작아 속상해하던 아이는 울상을 지었습니다.

"또래들이랑 비슷해요. 잘 먹고 잘 놀고 잘 크고 있습니다."

저는 아이의 손을 꼭 잡으며 밝게 말하고 꾸벅 인사를 했습니다. 어르신도 '그런가' 하며 허허 멋쩍게 웃었습니다. 돌아오는 길에 아이가 저에게 말을 겁니다.

"엄마, 그렇게 말해주어서 좋았어."
"사실만 말한 건데 뭐! 우리 아들 너무 잘 크고 있어!"

누군가 아이의 약점을 지적할 때 부모가 보일 수 있는 반응은 몇 가지로 나뉩니다.

"그러니까 말이에요. 몸에 좋다는 거 다 해주는데도 영 먹어야 말이죠. 편식해서 안 크는 거 같아요. 거봐, 잘 안 먹으니까 작다는 얘기를 듣지."

다른 사람의 비판을 오히려 크게 부풀려 덧붙이는 부모가 있습니다. 아이에게 한 말을 부모에 대한 비난으로 인식해서 얼른 아이에게 화살을 돌리는 것입니다.

"애 기분 나쁘게 왜 그런 소리를 하세요! 진짜 이상한 사람이네! 우리 애가 작든 말든!"

대놓고 이렇게 말은 못 하더라도 아이 앞에서 상대를 과하게 욕하거나 지나치게 공격하는 경우도 있습니다. 얼핏 아이의 대변인이 되어주는 것처럼 보이지만 부모도 신경 쓰였던 아이의 약점을 지적받아서 방어기제가 발동되었을 확률이 큽니다.

우리 모두가
완벽하지 않은 존재다

≈

타인의 말은 우리가 조종할 수 없습니다. 살다 보면 좋은 사람도, 나쁜 사람도, 유쾌한 사람도, 이상한 사람도 만나게 됩니다. 물론 아무 이유 없이 모욕을 주거나 비난을 하는 사람도 마주칩니다. 부모가 아무리 아이를 보호하려고 해도 세상을 살아가다

보면 필연적으로 일어나는 일이죠.

다른 사람이 자기 아이의 약점을 지적하면 정말 속상합니다. 하지만 타인은 내 아이의 전부를 알지 못합니다. 약점까지도 얼마나 소중한지 아는 사람은 부모뿐입니다. 그리고 아이를 보호하고 편들어주어야 할 사람도 부모입니다. 그런데 아이의 약점을 들추는 다른 사람의 말에 동조하거나, 마음이 흔들려 부모가 더 비난하거나, 잔뜩 날을 세워 싸움을 일으키면 아이는 덩그러니 혼자 남게 됩니다.

세상에 약점이 없는 사람은 단 한 명도 존재하지 않습니다. 약점이 있는 것은 나약하거나 '망했다'는 뜻이 아닙니다. 오히려 자신의 모든 면을 받아들일 때 스스로 더 강해집니다. 인간은 제각각의 모양을 가졌습니다. 아무리 약점을 갈고닦아도 완벽하게 동그란 공이 될 수는 없습니다.

SNS와 같은 각종 매체는 '완벽한 사람'이 있다는 착각을 하게 만듭니다. 하지만 대개의 콘텐츠는 굉장히 좁은 영역의 주제만 다룬다는 것을 명심해야 합니다. 콘텐츠 제작자의 삶 중 특정한 영역만을 부각하죠. 요리를 잘하는 엄마는 부엌을 무대로 콘텐츠를 제작하고, 엄마표 놀이 전문가는 놀이방이나 책상을 배경으로 콘텐츠를 올립니다. 그렇기에 우리는 화면 밖의 상황은 전혀 알 수 없습니다. 완벽하게 세팅이 된 부분만 보고 전체가 다

완벽하다고 여기는 거죠. 곰곰이 생각해보면 우리 모두는 누구도 완벽할 수 없다는 것을 알고 있지 않나요.

저 또한 엉망진창인 영역이 많습니다. 때때로 아이에게 소리를 빽 지르고, 남편과 부부 싸움을 하면 씩씩거립니다. 개수대에는 설거지할 그릇이 쌓여 있고 물건이 집 안 여기저기에 너저분하게 널려 있습니다. 하지만 SNS에는 아이에게 좋은 말만 하고, 남편과는 사이가 좋은, 잘 정돈된 삶만 비추어집니다. 때때로 다른 모습도 올리지만 저에게 기대하는 모습이 아니니 알고리듬의 외면을 받기 십상입니다.

자기 편이 되려면
약점을 받아들여야 한다

≈

진정한 자기 자신으로 살려면 약점을 받아들여야 합니다. 자신에게 친절을 베풀면서 측은히 여기고 연민해야 합니다. 자신에게 공감하고 동정하고 사랑하는 것이 비판하는 것보다 더 어렵습니다. 하지만 그게 훨씬 더 큰 힘이 됩니다.

그러나 수많은 외부 자극들이 우리를 가로막습니다. 그래서 아이가 어렸을 때 부모의 역할이 중요합니다. 부모는 아이의 첫

외부 평가자입니다. 부모만이 아이를 온전히 이해하면서 완벽하지 않은 모습을 허용해줄 수 있습니다.[5]

부모의 이해와 허용을 기반으로 아이가 스스로에게 연민을 가지면 감정 조절, 스트레스 감소 등 정신 건강 전반에 매우 긍정적인 효과를 얻을 수 있습니다. 이는 더 나은 사람이 되도록 돕습니다.[6] 자신의 존재 가치를 고민할 때 수렁에 빠지지 않게 도와주거든요.

긍정적으로 발전하려면 우선 자신을 객관적으로 바라봐 약점을 받아들여야 합니다. 그래야 실패나 실수에도 더 유연하게 대처하는 안정적인 사람으로 성장합니다.[7]

약점이 '나쁜 것'이라고 비난받은 사람은 자신을 제대로 바라보지 못합니다. 온전히 바라보는 것만으로도 아프기 때문입니다. 나는 평생 나와 함께 있는 시간이 가장 깁니다. 나를 싫어하고 미워하면 삶은 고달파집니다.[8] 진정한 나로서 사는 것이 장기적으로 삶의 만족도를 가장 올려주는 길입니다.[9] '나'는 내 관계의 기준점입니다. 내가 내 편이면 내 편인 사람들로 주변을 채우고, 내가 내 편이 아니면 내 편이 아닌 사람들로 주변을 채우게 되지요.

부모는 아이 옆에 영원히 있어주지 못합니다. 곧 아이는 나보다 주변 사람들의 의견을 더 중시하게 되겠죠. 하지만 어떤 사람들로 주변을 채우냐는 어린 시절 부모가 아이를 어떻게 대했는지의 영향을 받습니다.

강점에 집중하고 약점은 수용한다

저는 '단점'보다는 '약점'이라는 단어를 선호합니다. 사람의 특성들을 나란히 세워두고는 길고 짧고를 재기보다는 약하고 강한 것으로의 분류가 더 중요하다고 생각하기 때문입니다. 약하다는 것은 주관적이라 어떤 관점으로 보느냐에 따라 강한 것이 될 수도 있습니다. 150센티미터밖에 안 되는 제 키는 모델이 되려고 한다면 약점이지만 저를 각인시켜야 하는 강사로서는 강점이었습니다. 또 남자인 남편보다 여자인 제가 힘이 약한 것은 저의 잘못이 아닙니다. 남편만큼 힘이 세지 않아도 괜찮습니다.

우리 가족은 서로의 강점과 약점에 대해서 자주 대화를 나눕니다. 서로가 '부족하다', '고쳐야 한다', '왜 저러냐' 비난하는 것이 아닌 객관적 인식을 이야기합니다. 그 시기에 고쳐 나가야 하는 부분이 있다면, 서로 어떻게 도울지 상의합니다.

"엄마는 말을 잘하고, 아빠는 수학을 잘하고, 나는 게임을 잘하지! 엄마는 키가 작고, 아빠는 배가 나왔고, 나는 마른 편이야. 엄마는 계획대로 안 되면 화를 내고, 아빠는 차가 밀리면 화를 내고, 나는 게임에서 지면 화가 나! 엄마도, 아빠도, 나도 정리하는 건 싫어하고 아침에 진짜 못 일어나. 그런데 서로 '사랑해'라고 자주 말하고 뽀뽀랑 포옹은 엄청 잘해. 세상에 완벽한 사람은 없어!"

제 아이는 자신과 엄마 그리고 아빠가 각자 무엇을 잘하는지 잘 알고 있습니다. 아이가 자신과 가족에 대해서 잘 알고 있나요? 엄마와 아빠 그리고 자신의 강점과 약점, 가족으로서의 특색을 얼마나 알고 있나요? 자신을 있는 그대로 받아들이고 표현할 줄 아는 진정성을 가진 아이는 삶의 만족도가 높아집니다.[10]

'나는 게을러. 나는 나태해. 나는 못됐어.'

제 아이는 가정 내에서 이런 말들을 들어본 적이 없습니다. 아침잠이 많다고 게으른 것은 아닙니다. 그저 아침잠이 많은 것일 뿐입니다. 정리를 싫어한다고 나태한 것이 아니고, 화를 낸다고 못된 게 아닙니다. 그저 인간이기에 강점도 있고 약점도 있을 뿐이죠.

물론 사회적 동물인 인간은 약점 때문에 스트레스를 받습니다.

"키가 작아서 스트레스야."
"그게 뭐 대수라고 스트레스야? 키가 작은 사람도 못할 게 없어."

이런 식으로 아이가 자신의 약점을 말하며 속상하고 실망스러워하는데도 별것 아니라는 식으로 대답하면서 그 마음을 무시하고 묻어버리라는 이야기가 아닙니다.

"내가 원하는 걸 못 갖는 건 스트레스야. 엄마도 작아서 스트레스를 많이 받았어. 한번은 길거리에 주저앉아 울기도 했다니까. 그런데 엄마는 목소리가 크고 말도 잘하잖아. 그걸 더 잘하려고 노력하니까 키가 작은 것도 오히려 강점이 되었어. 목소리 크고 말 잘하는 사람 중에 제일 작아서 기억에 완전히 꽂혔을걸?"

약점으로 인한 스트레스를 인정하고 스스로가 자신을 연민하고 받아들이며 '진정한 나'로 살아가는 과정에 대해서 알려주면 됩니다. 그러려면 부모의 자신에 대한 태도가 먼저 바뀌어야 하겠죠. 너무도 고통스럽지만 부모가 먼저 자신과 마주해야 합니다. 아이는 부모를 통해 스스로를 어떻게 대해야 하는지 배우니까요.

 자신을 부정적으로 바라보는 부모는 아이의 약점도 부정적으로 바라봅니다. 아이는 결국 부모를 닮았기 때문이죠. 스스로를 고쳐야 할 대상으로 보는데, 아이를 고쳐야 할 대상으로 보지 않을 수는 없습니다. 부모의 태도를 보고 부모의 말을 듣고 자란 아이는 자신을 미워하고 부끄러워하게 됩니다.

아이도 엄마도
이미 온전한 '나'

≈

 제가 대여섯 살쯤에 건물 유리문에 부딪혀서 바닥에 쾅 넘어진 적이 있었다고 합니다. 얼굴이 부딪쳤으면 코부터 다쳐야 하는데 이마가 까지고 입이 빨개졌습니다. 그래도 저희 부모는 입버릇처럼 제가 예쁘다고 했습니다.

> "이마가 볼록한 게 얼마나 예뻐. 백만 불짜리 이마인데. 그리고 말은 또 얼마나 잘해. 이 입으로 얼마나 좋은 말들을 많이 하며 살려고."

 누군가는 낮은 코를 먼저 보겠지만 부모님은 저의 봉긋한 이

마에 집중했습니다. 평생 그런 말을 듣고 자란 저는 부모님의 말을 체화하며 약점보다 강점에 더 집중했습니다. 아동 상담 전문가 오은영 박사도 어렸을 때는 왜소한 체격에 잔병치레가 많았다고 합니다. 소아과에도 자주 다녔는데 어머니는 남들에게는 '우리 아이가 이렇게 병원에 자주 가니 의사가 될 건가 봐요'라고 하며 아이에게는 아무 타박을 하지 않았다고 합니다.

우리는 고쳐야 하는 고장 난 기계가 아닙니다. 약점을 끊임없이 지적하는 것은 고장이 났다는 메시지를 반복적으로 전달하는 행위라는 것을 알고 꾹 참아보세요. 아이도 엄마도 이미 온전한 '나'입니다.

자율성 증진

· 무심코 하는 말 ·
"그건 네가 할 수 없어."

· 들려줘야 할 말 ·
"네가 원하는 대로 해봐."

아이를 키우는 부모라면 자주 듣는 말이 있죠?

"내가 할게, 내가."
"나 시켜줘, 나도 잘해."

어느 순간 아이는 모든 일에 끼어들고 자기가 하겠다고 나섭니다. 물론 제 아이도 예외는 아니었죠. 도움이 전혀 안 되는 설거지, 커피 내리기, 빨래 개기와 같은 집안일부터 젤리 봉투 까기, 택배 박스 뜯기, 엘리베이터 버튼 누르기까지 스스로 하겠다고 주장했습니다.

물론 대개는 도움이 되기는커녕 폐만 끼칩니다. 어른이 하면 5분도 걸리지 않을 일을 50분 동안 실랑이해야 할 때도 있고 어지럽히기만 하고 도망가기 일쑤니까요. 그렇다고 해도 "안 돼" 대신 "원하는 대로 해봐"라고 말하는 빈도를 늘리면 아이는 자기 주도성을 쌓아갈 기회를 얻게 됩니다.

소속감과 안정감을 주는 가족과 함께하는 집안일

≈

말도 더듬더듬하던 세 살부터 아이는 자주 설거지를 하겠다고 나섰습니다. 세 살짜리가 제대로 설거지를 할 리가 없죠. 하지만 저는 아이가 올라설 수 있는 전용 의자와 어린이용 고무장갑, 깨끗하고 부드러운 수세미 그리고 깨지지 않는 그릇들을 준비했습니다. 시간과 상황이 허락하는 한 원한다면 위풍당당하게 싱크대 앞에 서게 해주었죠.

혹자는 위험해 보인다고 했고 또 어떤 이들은 애가 저러면 어느 세월에 설거지며 집안일을 끝내냐며 핀잔을 주었습니다. 하지만 저와 남편 그리고 아이는 놀이와 집안일을 엄격하게 구분하며 살지 않았습니다. 가족이 함께 시간을 보내는 것이 중요하니 즐거우면 그만이라고 여겼으니까요. 게다가 아이에게 집안일을 하도록 장려하면 자기 주도성이나 책임감뿐 아니라 가족의 구성원이라는 소속감과 안정감까지 안겨줍니다.[11]

아이는 깔깔대며 물장난을 치는 듯했지만 엄마와 아빠의 모습을 따라 하며 수세미로 그릇을 문지르고 헹궜습니다. 여섯 살이 되면서는 "의자 뒤에 서 있지 마", "도와주지 마" 하며 처음부터 끝까지 혼자 해낼 거라는 의지가 대단했지요. 물론, 그 과정에서 바닥을 물바다로 만들기도 하고 때때로 컵이나 그릇을 깨기도 해 어른들의 우려 섞인 말들이 오간 적도 있습니다.

그렇게 어렸을 때부터 시작한 설거지 여정은 여덟 살이 된 지금까지도 지속되고 있습니다. 주말 저녁은 자신이 설거지 당번이라는 것을 알고 제법 능숙한 손놀림으로 그릇을 헹구고, 식기세척기에 그릇을 가지런히 넣고, 세제를 추가해 식기 세척기를 작동시키죠. 아이에게 설거지는 하기 싫은 일이 아닌 스스로의 의지로 시작한 뿌듯한 장기 프로젝트입니다.

자기 주도성은
더 행복한 삶을 사는 근간이다

≈

양육의 궁극적인 목표는 '자신이 만족하는 삶을 살아갈 수 있는 힘을 주는 것'입니다. 부모가 아이의 모든 결정과 계획을 주도하는 것이 아이가 만족해하는 삶을 살도록 해주는 길일까요? 38개국에서 12만 명 이상을 대상으로 한 연구에 의하면 통제적인 부모의 아이들은 우울증과 불안장애를 겪을 확률이 높았습니다. 아이들의 자기 주도성과 자유를 지지해주는 부모를 둔 아이들은 더 행복했습니다. 자기 주도성은 더 나답게, 더 행복하게, 더 나은 삶을 살도록 해주는 근간입니다.[12]

자기 결정 이론Self determination theory, SDT에 의하면 인간은 세 가지 기본 심리적 욕구(자율성, 유능성, 연결성)가 충족될 때 가장 높은 수준의 동기와 행복을 경험합니다.[13] 자발적으로 행동에 참여하는 '자율성', 숙달과 효능감을 경험하는 '유능성', 그리고 의미 있는 방식으로 다른 사람과 관계를 맺는 '연결성'은 인간의 기본 욕구이며 성장에 필요한 필수 영양소입니다. 부모가 아이의 자율성, 즉 자기 주도성을 장려하는 말을 하면 아이는 성장에 필요한 심리적 자양분을 듬뿍 받는 셈이 됩니다.

인간은 본래 주체적이고 자기 주도적으로 태어났습니다. 타고난 자기 주도성을 키우면 행복해지는 것은 어쩌면 당연한 결과입니다. 혼자서는 아무것도 못 하는 신생아는 용을 써서 스스로 뒤집고, 기고, 걷죠. 누가 가르쳐주지도 않았는데 우유를 빨아 먹다가 온갖 것들을 입에 넣으면서 먹어도 되는 것과 그렇지 않은 것을 구별해냅니다. 부모가 키우는 것 같지만, 아이가 '사람'다운 모습으로 성장하는 모든 과정은 사실 아이 스스로가 해내는 것입니다. 자기 주도성은 인간을 생존시키는 가장 기본적인 욕구인 동시에 행복의 필수 요건입니다.

처음으로 혼자 신발을 신거나 옷을 입으려 할 때 느릿느릿한 아이를 보면 손에 익을 때까지는 대신해주고 싶은 마음이 듭니다. 하지만 어른이 개입하면 아이의 자기 주도성을 키워줄 기회를 뺏는 것입니다. 신발끈을 묶는 것은 어른에게 대단한 일로 보이지 않겠지만 처음 해보겠다고 선언한 아이에게는 엄청난 도전입니다. 지금까지 봐온 신발들을 떠올려보고, 어떻게 묶어야 할지 계획을 세우고, 여러 차례의 시행착오를 겪어야 하죠.

그런데 부모가 성급하게 채근하며 "내가 해줄게"라고 하거나 아이의 실패와 시행착오를 용납하지 못하고 "그렇게 하는 거 아니잖아"라고 끼어들면 아이는 도전을 거듭하며 연습할 기회를 박탈당합니다. 대신 "지난번보다 훨씬 잘하네! 그렇게 해보는 거야!"라고 격려하며 기다려준다면, 아이는 스스로 문제를 해결할 수 있는 능력을 쌓아갑니다.

자기 주도적인 사람이 되기 위해서는 자기 주도성을 키우는 일련의 과정을 반복해야만 합니다. 본인에게 이로운 대안들을 생각하고, 자신에게 제일 잘 맞는 것을 결정하여 선택하고, 그 선택에 따른 행동을 하고, 행동으로 인한 시행착오와 실패를 받아들이고, 피드백을 통해 행동을 수정해 나가야 하죠. 이 과정에서 자신의 선택과 결정에 대한 믿음은 물론, 예상치 못한 일이 일어나도 반복적 연습을 통해 본인이 원하는 결과에 도달할 수 있다는 자신감이 쌓입니다.

이런 긍정적인 경험들이 자기 주도적인 사람으로 성장하는 토대가 됩니다. 부모가 아이의 자율성을 존중하는 데서 그치지 않고 실패를 학습의 기회로 여길 수 있도록 격려하는 환경을 제공해야 아이가 자기 주도적인 사람이 됩니다.

원하는 대로 다 하게 두는 것이 자기 주도성은 아니다

≈

물론 아이가 원한다고 '다' 하게 둘 수는 없습니다. "안 돼" 혹은 "하지 마"라는 말이 자기 주도성을 저해한다고 생각할 수 있지만, 오히려 원하는 대로 다 하게 두는 것이 자기 주도성을 감소시킵니다.

긍정적으로 자기 주도성을 키우려면 양육자가 한계를 확실하게 규정하는 게 중요합니다. 오히려 한계를 모르는 아이는 사회성과 자기 효능감이 낮아질 확률이 높습니다. 한계는 엄마가 속상하거나, 아빠가 화나거나, 주변 사람들이 싫어서 상황에 따라 바뀌는 감정적인 비난이나 질책이 아닙니다. 이제 막 사회의 구성원으로 삶을 시작하는 아이에게 해서는 안 되는 행동과 해도 되는 행동에 대한 명확한 기준을 알려주는 것이죠.

자신과 타인에게 심리적, 정서적, 신체적 해를 가하면 안 된다는 것처럼 사회적으로 혹은 도덕적으로 옳지 않은 일은 단호하게 해서는 안 된다고 가르쳐야 합니다. 나이에 맞는 명확한 규칙을 간결하고, 명확하고, 일관성 있게 전달해야 하며 행동의 결과를 상상할 수 있도록 설명하고 모범을 보여야 하죠. 아이가 하지 말아야 할 행동의 결과를 이해하고 내적 동기에 의해 자신의 행동을 제어하게 되면 자기 주도성은 더 커집니다. 하지 말아야 할 한계 외의 행동은 아이가 최대한 원하는 대로 하게 둔다면 자기 주도성은 건강한 방향으로 발전합니다.

자기 주도성은
자존감과 자아 효능감의 핵심

≈

자신의 가치와 신념에 따라 행동할 수 있는 자기 주도성은 자존감과 자아 효능감의 핵심입니다. 자존감은 있는 그대로의 자신을 존중하는 것이며, 자기 효능감은 목표를 달성할 수 있다는 믿음이죠. 자기 주도성이 높은 아이들은 문제 해결 능력이 뛰어나며, 도전에 직면했을 때 긍정적으로 대처할 수 있습니다. 그렇기에 자기 주도성이 높으면 스트레스 상황을 더 잘 이겨낼 수 있으며, 자신의 목표를 설정하고 지속적으로 노력하는 태도를 갖게 됩니다.

'자기 주도'는 말 그대로 '자기'가 '주도'하는 것입니다. 당연하지만 여기서 쉽게 간과하는 것은 '자기'가 아이라는 것입니다. 부모가 아이의 자기 주도성을 키워주기 위해서는 아이의 삶은 아이의 것임을 온전히 받아들여야 합니다. 아이는 스스로 선택하고, 스스로 행동하고, 수많은 실패와 시행착오의 과정을 쌓아서 '자기 주도적인 어른'으로 성장하는 거죠.

"네가 원하는 대로 해봐"라는 말에는 '내 마음에 들지 않아도'라는 단서가 붙어야 합니다. 양육자의 마음에 드는 것만 존중한다면 그건 '자기 주도성'이 아닌 '타인 주도성'이니까요.

부모는 아이의 보호자이며 응원군입니다. 응원군은 선수를 조종하거나 대신 경기를 뛰어줄 수 없다는 것을 언제나 기억해야 합니다.

자기 인식

· 무심코 하는 말 ·

"엄마 아빠 말 들어."

· 들려줘야 할 말 ·

"네가 선택해볼래?"

다섯 살 즈음에 아이랑 옷 때문에 크게 싸운 적이 있습니다.

"목이 따가워서 입기 싫어."
"이거 사느라고 얼마나 시간을 많이 쓴 줄 알아? 비싼 거야! 사주어도 난리야! 이럴 거면 벗고 다녀!"

저는 옷을 좋아합니다. 그래서 아이가 영아일 때는 옷을 갈아입히는 게 저의 재미 중 하나였습니다. 그런데 점점 옷을 두고 아이와의 갈등이 심화되었습니다. 아기일 때는 입히는 대로 가만히 있었는데 어느 순간부터 엄마와는 전혀 다른 자기만의 주장을 펼치기 시작했습니다. 이렇게 예쁜 옷을 사기 위해 시간을 들여 찾고, 고르고, 선택한 게 너무나도 억울해지는 순간이었습니다. 다 자기 좋으라고 했던 일인데 말이죠.

"나는 너무 불편한데, 엄마가 입으라면 그냥 입을게."

그러다 울먹이며 말하는 아이를 보고 정신이 퍼뜩 들었습니다. 아이는 해달라고 요청하지도, 원하지도 않은 일인데 제가 자발적으로 시간을 들여놓고는 아이를 탓하고 있었으니까요. 본인이 선택하지도 않은 일을 책임지라고 강요하며 화까지 낸 꼴이었죠.

이후부터 저는 아이 옷을 사는 데 저 혼자 시간을 투자하지 않습니다. 옷을 사야 할 때가 되면 아이랑 같이 아이의 선택대로 구매합니다. 혹여 혼자 샀다면 "입어"가 아닌 "마음에 들면 입고, 아니면 반품할 거야"라고 말해줍니다.

물론 이렇게 되니 아이가 제 마음에 안 드는 옷을 고르는 경우도 많아졌습니다. 하지만 아이가 입는 옷을 제가 선택할 수 있었던 시기는 이미 지나갔다는 것을 받아들이려고 합니다.

아이에게 선택의 기회를 늘려줘야 하는 이유

물론 부모나 형제, 사는 곳이나 가야 할 기관 혹은 학교는 아이가 선택할 수 없는 경우가 많습니다. 하지만 충분히 아이가 선택할 수 있는 영역에서도 부모가 다 선택해주고 있지는 않은지 경계해야 합니다. 아이가 입는 옷, 먹는 음식, 보는 영상, 만나는 친구, 주말에 시간을 보내는 방법까지 한번 하나하나 따져보세요. 아이를 '위해서'라고 하지만 사실은 부모를 위해서 그러는 것은 아닐까요? 부모로서 아이보다는 모든 면에서 더 낫다는 것을 믿고 싶고, 남들에게 좋은 부모라는 것을 보여주고 싶기 때문이기도 하죠. 하지만 지금 당장 내가 더 낫다는 것을 증명하기보다 아이가 장차 더 나은 삶을 살 수 있도록 조금씩 뒤로 물러서는 것이 중요합니다.

아이의 삶을 부모가 주도적으로 이끄는 것을 재미로 삼으면 안 됩니다. 육아의 궁극적인 목표는 어른이 된 아이의 건강한 자립과 독립입니다. 10여 년이 지나 홀로서기를 하려 했을 때 자신에게 만족스러운 결정과 선택을 주도적으로 내리며 사는 어른으로 키우는 것이지요. 그러니 당연하게 아이가 직접 선택할 수 있는 폭이 점차 늘어나야 합니다. 부모는 아이의 대리인으로서 선택했을 뿐입니다. 아이가 더 이상 대리인을 필요로 하지 않는 영역들은 서서히 원래의 주인에게 돌려주어야 합니다. 아이가 어릴 때 하는 선택의 연습은 나아가 더 중요한 영역의 선택들을 직접 해야 할 때 훌륭한 밑거름이 되어줍니다.

물론 아이가 원하는 대로 선택과 결정을 내리면 결과가 좋지 않은 경우도 많습니다. 하지만 그런 선택들을 통해 스스로 결과를 받아들이는 것이 자기 주도성을 연습하는 과정입니다. 2011년 미국의 과학 전문 저널 〈사이언스Science〉 지에 실린 연구에 의하면 계획하고, 선택과 결정을 내리고, 자기조절을 하는 데 관여하는 상위 인지 능력executive functions은 반복적인 연습과 도전을 통해 성장한다고 합니다.[14] 어려서부터 양육자에게 스스로 선택하고 결정할 수 있는 기회를 많이 받은 아이는 자기 주도성을 축적하며 더 나은 결정을 내리는 능력을 배양하게 됩니다.

원하는 결과가 나오지 않았을 때는 이를 통해 무엇을 배웠는지 살펴보아야 합니다. 결과에 대한 비난이 아닌 건강한 피드백이 필요하죠. 무엇보다, 처음에는 잘하지 못하는 것이 당연함을 받아들여야 합니다. 미숙한 선택과 결정을 넘어서는 방법은 미숙한 결과를 경험하는 것밖에 없습니다.

양육자는 문제를 해결하거나 정답을 알려주는 사람이 아니라 아이가 스스로 문제를 풀고 자신만의 답을 찾도록 질문하고 안내해주는 사람입니다. 작은 선택들은 아이가 스스로의 삶을 꾸려간다는 느낌을 갖게 합니다.

선택을 통해
장단점을 알게 한다

≈

아이가 티셔츠를 거꾸로 입고 나오면 뭐라고 말하나요? 대번에 "그렇게 입는 거 아니야!"라고 하나요? 대신 이렇게 말해보는 건 어떨까요?

"그렇게 입어도 멋져! 디자이너들은 엉뚱한 아이디어에서 진짜 특이한 패션을 만들어낸다고 하더라. 그런데 거꾸로 입으면 목 부분이 불편할 수도 있어."

알고 거꾸로 입었든, 모르고 그런 것이든 아이는 자신의 행동이 틀린 게 아니고 장단점이 있다는 사실을 인식하게 됩니다. 거꾸로 입었다고 다른 사람에게 놀림 받기 싫은 것을 기준으로 선택을 내릴지, 내가 멋지다고 생각하는 선택을 밀고 나갈지, 몸이 불편하지 않아야 한다는 것이 우선순위인지 고민하게 됩니다.

다양한 경험을 통해 선택의 데이터를 축적하는 것이죠.

어려서 내리는 대개의 선택과 결정들은 삶에 지대한 영향을 미치지 않습니다. 그렇기에 다양한 선택과 결정을 내려볼 수 있는 경험을 축적하기에 좋은 기회입니다.

연구에 의하면 부모가 아이에게 스스로 선택할 수 있도록 해줄수록 자존감이 올라가고 감정 조절 능력도 향상된다고 합니다. 자기 주도적인 행동과 정서적 안정감이 어린 시절 자유로운 선택의 경험에서 나온다는 것이죠.[15] 뿐만 아니라, 스스로 선택하는 아이는 목표를 이루려는 성취 동기가 높고 해내려는 의지 역시 강합니다.[16] 아이가 자신의 삶에 선택권이 있다는 생각을 하면 내적 동기가 올라가고 학업적 성취가 좋아질 뿐 아니라 심리적 건강도 향상됩니다. 반대로 선택을 지나치게 제한하면 불안감이 올라가고 무기력해지죠.[17]

한 달에 한 번 정도
YES DAY

≈

YES DAY는 아이가 제안하는 대로 하루를 보내는 것입니다. 아침으로 아이스크림을 먹고, 3시간 동안 게임을 하고, 샤워는

하지 않고, 채소는 안 먹고, 잠옷도 안 갈아입어 보는 거죠. 외출할 때 아이가 골라주는 옷을 입고, 아이가 먹는 순서대로 음식을 먹고, 아이가 놀고 싶은 만큼 놀아보는 것도 좋습니다.

한마디로 부모가 하루 종일 아이의 선택과 결정에 따라서 살아보는 것입니다. 부모도 활동을 제안할 수 있으나 아이가 최종적으로 YES를 해야 실행할 수 있습니다. '어떻게 그렇게 해요' 하는 생각이 들지만, 사실 아이들은 거의 매일 그렇게 살고 있습니다. 어른들이 정해놓은 규칙과 규범, 어른들이 YES라고 하는 활동들로만 하루를 채우는 경우가 허다하죠. 우리에게는 '당연'하지만 아이에게는 그렇지 않은 것들을 받아들이고 인내하며 사는 시간이 깁니다. 그러니 하루쯤은 아이의 엉뚱한 선택에 맡겨보는 것이 아이뿐 아니라 부모에게도 도움이 됩니다. 선택을 전혀 하지 못한다는 것이 얼마나 힘든지 다시 한번 깨닫게 될 테니까요. 그리고 아이는 자신의 선택으로 인한 결과들을 경험하고 부모가 자신과 한편이라는 것을 마음속 깊이 알게 될 거예요.

Step 5

자신감과 독립심을 키우는 말

아이에게는 끊임없이 도전하고 성공과 실패를 경험하며 세상과 자신을 바라보는 다양한 시각을 배우는 과정이 필요합니다. 그래야 성장할 수 있습니다. 완벽한 결과만 바라보면 오히려 자신감을 잃습니다. 부모가 실수를 허용하면 실수에 대한 두려움이 줄고 다양한 시도를 통해 해낼 수 있다는 믿음이 커집니다.

6세쯤 된 아이가 조금씩 자신의 힘을 시험해보려고 하면 좌절과 성취를 함께하며 열렬히 응원해주세요. 부모의 응원은 아이가 스스로 문제를 해결해 나갈 힘이 됩니다. 부모가 아이의 일상에 관심을 기울이면 아이는 자신에 대한 긍정적인 인식을 갖게 됩니다. 자신을 긍정적으로 평가하는 아이는 불안과 두려움에도 용기를 내어 도전할 수 있습니다. 부모의 지지와 격려는 아이가 독립적으로 성장하는 데 반드시 필요한 안전망입니다.

자기 효능감

· 무심코 하는 말 ·

"조심하라고 했지!"

· 들려줘야 할 말 ·

"누구나 실수할 수 있어."

빈 우유 컵을 들고 아이가 멋쩍게 저를 부릅니다.

"엄마! 우유…. 미안해."

테이블 아래를 보니 우유가 뚝뚝 떨어지고 있었습니다. 아이를 키운다면 당연히 경험해본 상황이겠죠. '우유'를 물, 밥, 간식, 각종 장난감 등으로 교체해도 무방합니다.

"흘리면 치우면 되지. 도와줄 테니까 걸레 가져와서 같이 닦자."

부모로서 부족한 점도 많지만 아이를 키우는 지난 7년여 동안 '아이가 실수했을 때 비난하거나 혼내지 않을 것' 하나만큼은 꼭 지켰습니다.

"미안해하지 않아도 돼. 다음부터 우유는 테이블 중앙에 올려두자."

아이들은 실수를 많이 합니다. 밥을 먹으면서 밥풀을 여기저기 흘리고, 물건을 바닥에 떨어뜨리기 일쑤입니다. '조심하랬지!'라는 말이 목구멍까지 치밀어 오릅니다. 하지만 부모를 약 올리기 위해 혹은 실수하는 게 좋아서 '일부러' 그런 행동을 하는 것은 아닙니다. 조심하지 않은 것도 아닙니다. 조심한다고 실수를 전혀 안 할 수는 없죠. 아직 모든 환경 요소를 신경 쓰고 통제할 만큼 발달이 이루어지지 못했고 경험이 부족할 뿐입니다. 아이가 영원히 같은 실수를 반복하지도 않을 것입니다.

그러니 실수를 해도 괜찮다는 것을 알려주고, 실수 후에 수습하는 법을 가르쳐주고, 실수를 줄여나갈 습관들을 쌓아 나가면 됩니다. 실수는 누구나 할 수 있습니다. 혼나야 할 행동이 아니고 고쳐야 할 성격도 아닙니다. 더구나 아이가 또래에 비해 실수를 지나치게 자주 한다면 대개 더 깊은 심리적 이유가 있을지도 모

릅니다. 그런데도 실수로 인한 결과만 비난하면 아이는 자신감이 떨어집니다.[1]

왜 아이 실수에 화가 날까

≈

아이의 실수에 화가 나는 이유는 몇 가지로 추려볼 수 있습니다.

첫 번째는 아이가 계속 실수를 하는 어른이 될까 봐 걱정되고 불안한 것입니다. 지금은 우유를 흘리는 사소한 일이지만 10년 후 실수로 수학 문제를 틀리고, 20년 후에 직장에서 칠칠치 못하다며 욕먹을까 봐 두려운 거죠.

실수하지 않는 어른으로 키우려는 것은 비현실적인 기대입니다. 아이는 어른이 되어서도 실수를 할 것입니다. 아는 수학 문제도 틀리고, 직장에서 칠칠치 못 하다며 욕도 먹을 수 있지요. 어른들도 물을 흘리고, 물건을 떨어뜨리고, 옷을 거꾸로 입고, 양말도 짝짝이로 신습니다. 인간은 죽는 날까지 실수를 하지요.

그런데 실수를 할 때마다 부모가 지나치게 걱정하고 불안해하면서 화를 내고 비난하면 어떻게 될까요? 또다시 실수할까 봐 걱정되어 벌벌 떠는 어른으로 성장할 수 있습니다. 실수 그 자체가 아닌 실수에 대한 태도를 걱정해야 합니다.

두 번째는 아이가 실수한 결과를 처리하기가 버거운 것입니다. 나쁜 부모라서가 아닙니다. 할 일이 너무 많아 피곤한 것이죠. 그래서 부모의 버거움을 아이에게 전가합니다. 이렇게 되면 아이는 실수를 '잘못'이라고 느끼게 됩니다.

그러니 아이의 실수에 지나치게 화가 난다면 자신의 감정을 잘 돌아보고 아이의 발달 수준에 맞게 부모의 삶과 기대치를 조정해야 합니다. 그림처럼 깨끗한 집, 사진처럼 잘 차려입은 아이 같은 이상주의에서 벗어나 현실의 실수투성이인 아이와 함께 즐길 수 있도록 스스로를 잘 돌봐야겠죠.

실수를 비난하면
내적 비판자가 성장한다

≈

혹시 최근에 긴장되는 모임에 나가본 적이 있나요? 손이 떨릴 만큼의 면접이나 어려운 사람에게 인사를 해야 했던 경험을 떠올려보세요.

처음 가보는 장소에서 처음 보는 사람들에 둘러싸여 있다가 들고 있던 컵이 미끄러져서 물을 조금 흘렸습니다. 옆에 있던 사람이 눈을 흘기고 "저래서 뭘 한다고, 쯧쯧" 하고 들으라는 듯이 중얼거립니다. 그때부터는 내 몸이 마음대로 안 움직입니다. 손에 있던 것을 자꾸 떨어뜨리고 사람들의 말도 잘 안 들립니다. 열심히 준비해온 답변들도 머릿속에서 뒤죽박죽이 되고 손에 땀이 차기 시작하죠. 분명 아까의 실수를 만회하고 싶다는 생각은 가득한데 행동이 안 따라줍니다.

결국 제대로 된 대화를 못 하고 원하는 목표도 달성하지 못하고 더 이상 실수하지 않는 데만 온 신경을 곤두세웁니다. 그렇게 '나는 역시 실수투성이야. 내가 그럼 그렇지'라고 생각하면서 좌절만 안고 하루를 마무리합니다.

아이들은 실수에 의미를 두지 않습니다. 실수에 부정적인 의미를 부여하는 것은 부모이지요. 앞의 상황에서 물을 흘렸을 때 옆에 있는 사람이 웃으면서 휴지를 건네주었거나 전혀 신경을 쓰지 않았다면 어땠을까요? 따뜻하게 웃으면서 "이 컵이 많이 미끄러워요. 저도 아까 그랬는데 이렇게 잡으니 좀 낫네요"라는 말을 해주었다면 긴장이 확 풀렸을 것입니다. 실수가 실수를 낳는 상황으로 이어지지 않았을 테고 만족스러운 시간을 보냈을 것입니다.

"실수하면 안 돼."

"너는 왜 맨날 실수만 하니."
"너는 실수투성이야."

실수에 대한 부모의 비난은 아이의 내적 비판자에게 힘을 실어줍니다.[2] 실수를 비난하는 부모 밑에서 자란 아이는 자신의 실수를 비난하는 어른으로 성장하게 됩니다. 칭찬이 자신감을 올려준다고 생각할 수 있지만, 부모가 원하는 결과만 칭찬하고 실수를 나무라는 것은 내적 동기와 자신감을 떨어뜨립니다.[3] 사람은 매번 잘할 수 없고 언제나 실수를 할 가능성이 있기 때문입니다.

실수를 두려워하는 사람은
미루기 대장이 된다

≈

늘 성공해야 한다고 믿는 사람은 자기 효능감이 낮습니다.[4] 아무것도 하지 않으면 실수를 하지 않습니다. 그래서 실수가 두려운 사람은 미루기 대장이 됩니다.[5] 특히 어려운 상황에서 더 잘 미루게 됩니다.[6] 어차피 잘하지 못할 것이라고 생각하기에 자꾸 미루는 것이지요.[7]

"제가 완벽주의라서…"

이런 핑계를 들어본 적이 있나요? 실제로 도전과 실패를 통해 자신이 원하는 길을 만들어가는 사람은 완벽주의를 핑계로 사용하지 않습니다. 자신의 기준에 맞게 일을 해내기 위해 노력할 뿐입니다. 하지만 실수 때문에 많이 혼나고 비난받으면 완벽주의를 핑계로 사용하게 됩니다.[8] 완벽해질 때까지는 아무것도 하지 않겠다는 것은 어려운 일은 시작도 하지 않겠다는 것이나 마찬가지입니다.[9]

많은 연구에 의하면 완벽주의는 부모의 양육 방식의 영향을 받습니다.[10] 부모가 아이에게 애정이 담긴 반응을 해주지 않으면서 통제적인 요구 사항이 많으면 불안정한 애착이 형성됩니다. 이 경우 타인의 인정을 받아야만 사랑받을 수 있다고 믿기 때문에 완벽에 집착하게 됩니다.

하지만 실수 없이 단번에 완벽하게 해내야 한다는 목표는 달성이 불가능합니다. 자연스럽게 아무런 행동도 하지 못하게 되고 자신감이 떨어지면서 불안감은 더 올라갑니다.[11] 하지만 자신감은 행동을 통해 무언가를 이루기 전에는 절대로 쌓아올릴 수 없습니다.

실수를 하면 가장 속상하고 기분이 나쁜 사람은 당사자입니다. 그런 상황을 아무 이유 없이 일부러 반복적으로 만드는 사람은 없습니다. 만약 아이가 그러는 것처럼 보인다면 왜 그러는지 살펴보아야 합니다. 혹시 피곤한 것은 아닌지, 관심을 갈구하는 것인지, 스트레스를 많이 받고 있는지, 긴장할 만한 일이 있는지 등등 아이를 살펴보고 애정을 주어야 합니다.

스트레스가 있는 상황에서 스트레스를 줄이는 방법은 실수가 괜찮음을 알려주는 것입니다.[12] 어른도 마찬가지입니다. 하지 않던 실수를 반복적으로 하고 있다면 자신을 탓할 게 아니라 보듬어주어야 합니다. 그럴 만한 이유가 반드시 있기 때문이죠. 아이가 실수를 연달아 할 때 행동이나 결과를 나무라기보다 마음을 챙겨주면, 표면적인 행동으로 자신을 미워하지 않고 내면의 이유를 살필 줄 아는 어른으로 성장합니다. 스스로를 애정으로 돌볼 줄 아는 건강한 성인이 되는 것이죠.

아이에게 실수를 허용하는 것은 단순히 실패를 경험하게 하는 것이 아닙니다. 어떤 일이 있어도 부모가 옆에 있으며 실수가 아이의 존재를 정의하지 않는다는 안도감을 주는 것이죠. 그런 안전망을 통해서 아이는 더 넓은 세상을 거침없이 탐색할 힘을 얻습니다.

자존감

· 무심코 하는 말 ·

"그냥 이걸로 하자."

· 들려줘야 할 말 ·

"네가 좋아하는 것을 알려줘!"

제 아이는 6~7세까지 로봇을 무척 좋아했습니다. 설명서가 없는 블럭 놀이에 흥미를 가지도록 다양하게 노출했으나 설명서를 보고 그대로 만들기를 반복하면서 손기술을 익히는 것에 훨씬 더 큰 열정을 보였습니다.

다섯 살 즈음부터 시작된 윷놀이 사랑은 이후 보드게임을 즐기는 것으로 이어졌고 현재는 우리 집 공식 '보드게임 마스터'입니다. 혼자 하는 놀이보다는 사람들과 함께하는 것을 선호합니다. 기승전결의 구조가 뚜렷한 전래동화나 명작동화를 좋아하고, 자연과 관련된 사실이 나열된 책은 좋아하지 않습니다. 무엇보다 수리적인 요소들이 포함되어 결과를 추리해가는 책을 가장 좋아합니다.

"엄마, 이번 생일에는 윤우에게 책이나 옷을 사주면 어떠냐고 꼬셔볼까?"
"생일인데 자기가 좋아하는 걸 받아야지."

몇 년 동안 어린이날, 생일, 크리스마스에 모든 가족 구성원들로부터 로봇을 받았으니 더 이상 로봇을 사주는 것은 돈이 아깝다는 아쉬움과 함께 새로운 자극을 주어야 한다는 불안감이 교차해 엄마께 여쭈어보았습니다. 제 눈에는 로봇이 더 이상 '필요하지 않을 것' 같았거든요. 그러자 40년간 교직 생활을 하며 아들과 딸을 키운 교육학 박사인 엄마가 되레 저를 흘겨보았습니다.

"너도 맨날 옷 받고 싶다고 하지 않았어?"

아차, 싶어 웃음이 났습니다. 새로운 옷을 살 때마다 '이거 이미 있는 거 같은데'라고 했던 남편 말도 떠올랐습니다.

"로봇이 다 비슷한 거 같은데, 그래도 계속 갖고 싶어?"

"다 달라, 엄마. 이건 이런 색이고, 이건 팔이 이렇게 움직이고, 이건 조립하면 이렇게 되고…."

"그렇구나. 네 눈에는 전부 달라 보이는구나. 엄마 눈에도 엄마 옷이 다 달라 보이거든. 그런데 옷에 관심 없는 아빠 눈에는 비슷해 보인다고 하잖아."

"맞아! 내 눈에도 엄마 옷은 비슷해 보여!"

이렇게 좋아하는 것에 대한 대화를 몇 차례 나눈 다음부터는 아이의 취향이나 관심에 의문을 제기하거나 의심을 하지 않습니다.

취향을 존중받으면 자신감이 높아진다

≈

제 배 속에서 나왔지만 본인만의 취향을 만들어가는 아들이 대견해 보입니다. 좋아하는 것은 작은 디테일까지도 눈이 갑니다. 흥미와 관심은 남에게는 같아 보이는 것을 달라 보이게 만드는 힘이 있습니다. 이는 자신만의 강점이 될 뿐만 아니라 '나'라는 존재를 이루는 축이 됩니다. 그래서 더 자주 물으려고 노력합니다.

"네가 좋아하는 것을 알려줘!"

아이들은 어릴수록 호불호가 강합니다. 취향과 관심사보다 중요한 생존 욕구가 대부분의 행동을 지배하기 때문입니다. 하지만 아이는 넓은 세상과 상호작용하면서 생존과는 관련 없는 선호와 취향, 관심사를 만들어갑니다. 그런데 다양한 자극이 존재하는 세상에서 '나'를 찾아가는 것은 복잡하고 어려운 일이기에 확고한 자기 개념을 확립하려면 부모의 역할이 중요해집니다. 부모가 아이에게 무엇을 좋아하는지 묻는 것만으로도 아이는 자신의 존재가 더 가치 있다고 믿게 됩니다.[13]

부모가 좋아하고 좋아하지 않는 것에 관심을 가지면 아이는 자신의 선택을 더 지지받는 것처럼 느끼고 내적 동기가 올라갑니다.[14] 아이의 취향에 대한 부모의 관심은 더 안정적인 관계의 근간이 됩니다.[15] 당연히 자신의 능력과 존재의 가치에 대해 긍정적인 생각을 가지는 사람은 자신감이 높습니다.[16]

취향은 열정이 되고
더 넓은 분야로 확장된다

≈

부모의 눈에는 아이의 부족한 면이 크게 보입니다. 눈에 넣어도 아프지 않지만 마음에 안 드는 구석이 많은 자신을 닮았으니까요. 더구나 눈만 감으면 아이의 10년, 20년 후가 보이는 부모에게는 모든 것이 불안하죠.

"아이가 창작 동화를 안 읽는데 어떻게 하면 좋을까요?"
"아이가 또래 애들이 다 좋아한다는 장난감에 관심을 안 보이는데 왜 그럴까요?"
"아이가 계속 이것만 가지고 노는데 문제가 있는 거 아닐까요?"

부모 눈에는 놀이 시간에 특정 활동을 더 많이 하는 아이라도 하루 종일 그것'만' 하는 것이 아니라 좋아하는 활동에 파고드는 정도라면 우려하지 않아도 됩니다. 정상 발달 범주에 있는 아이라면 깨어 있는 시간 내내 한 가지 행동만 하지는 않습니다. 한 발짝 떨어져서 보면 아이는 대체로 골고루 발달하고 있습니다. 그럼에도 과거를 살아온 우리에게는 아이가 고루고루 관심을 가지지 않는 것이 걱정될 수 있습니다.

그런데요, 좋아하는 것을 파고들어 잘하게 되면 그것으로 즐겁게 먹고사는 사례가 점차 늘어나고 있습니다. 미래에 어른이 될 아이들은 AI나 로봇이 금세 대체할 수 없는 자신만의 무기를 가지고 있어야 합니다. 그리고 이 무기는 자신이 열정을 갖는 다양한 영역이 어우러져야 점점 강해집니다.

지금 변신 로봇을 좋아한다고 미래에 반드시 변신 로봇과 관련된 직업을 갖는 것은 아니지만 변신 로봇에 대한 관심이 손으로 조작하는 조립, 다양한 로봇의 디자인, 변신 로봇들 간의 관계를 표현하는 이야기, 로봇들 간의 경쟁을 담은 게임 등 다양한 분야로 뻗어 나갈 수 있습니다. 이후에도 한참 더 확장되고 가지치기를 할 것입니다. 그러니 당장 결론을 내는 판단의 눈으로 평가하기보다 긴 삶을 살아야 할 아이를 애정하는 관심의 눈으로 관찰해주세요.

내면 평가와 외부 평가가 일치할 때
자존감이 증가한다

≈

아이가 좋아하는 것에 관심을 가지면 아이의 긍정적인 면을 찾기가 쉬워집니다. 자신을 있는 그대로 봐주는 부모와 함께하면 아이도 자신을 있는 그대로 받아들이게 됩니다. 자기에 대해 잘 아는 사람은 자신감 있는 사람입니다. 자신에 대해 잘 알기 때문에 내면이 더 안정적이죠. 자신에 대한 개념이 명확하면 자존감이 높으며, 삶의 만족도도 높습니다. 그래서 자신을 행복하게 하는 관심사 안에서 자유롭게 탐색하고 탐험하고 지식을 확장할 수 있게 됩니다.[17]

사람은 자신에 대한 신념을 외부로부터 검증받고 싶어 하는 자아 검증 self-verification의 마음을 가지고 있습니다. 내가 나를 보듯 타인도 나를 바라보기를 바라는 것이죠. 우리는 본능적으로 자아에 대한 일관성을 유지하고 자아 개념을 보호하고자 하기에, 이 믿음을 확인시켜 줄 사람들을 찾습니다. 그리고 내면의 평가와 외부의 평가가 일치할 때 자존감은 증가합니다.

스스로에 대해서 잘 모르는 사람은 이 과정에서 혼란을 겪습니다. 어떤 사람이 자신에게 이로운지 모르고, 다른 사람의 판단이나 평가에 위축되며, 외부의 비난에 쉽게 사기가 꺾입니다. 일관성 있는 정체성을 유지하기 어려워지고 선택과 결정을 내리기도 버거워집니다.[18] 자아 개념이 명확한 사람은 거기에 맞는 사람들로 주변을 채워서 점점 더 자신감이 올라가고, 그렇지 못한 사람은 주변의 혼란스러운 비난과 평가에 휘둘리면서 점점 더 자신감이 떨어지는 것이죠.

인생은 선택으로 가득 차 있습니다. 내가 좋아하고 싫어하는 것을 모르면 어떤 사람을 만나야 할지 모르는 것은 물론이고 주변 사람들의 의견을 자신의 것이라 여기며 불만족스럽게 살 확률이 높아집니다.

"아이가 좋아해서 시킨 건데 열심히 안 해요."

아이가 좋아하는 것에 관심을 가지고 지지해주었는데 아이와 갈등이 생겼다는 이야기도 종종 듣습니다. 그런데 아이가 어릴수록 아이가 하는 말을 곧이곧대로 다 믿으면 안 됩니다. 아이가 좋아하는 것이 그 활동인지 그 활동을 했을 때 뛸 듯이 기뻐하는 부모의 반응인지 구분해야 합니다. 아이는 그 어떤 것보다 부모의 긍정적인 반응을 좋아하니까요. 또 주변에 있는 친구들이 잘해 나가는 모습을 보고 부러운 것인지 내면의 동기에서 우러나오는 것인지도 살펴보아야 합니다. 활동 자체보다 칭찬을 받고 싶어 좋아한다고 말했는지도 모르니까요.

무엇보다 아이가 아무리 좋아하고 관심을 보이더라도 아이의 신체적, 정서적 발달 수준에 맞는지를 면밀하게 따져보아야 합니다. 아무리 '좋아하는 것'이라도 아이의 때에 맞지 않다면 보호자로서 시기 조절을 해주어야 합니다.

부모는 열매를 주는 사람이 아니라
씨앗을 함께 심어주는 사람

≈

부모로서 우리의 역할은 1~2년 안에 아이의 '결론'을 찾아주는 것이 아닙니다. 더 이상 아이가 어릴 때 평생 먹고살 일을 정해서 가르쳐주고 부모는 떠나버리는 시대가 아니니까요. 현대 사회에서 부모의 역할은 아이가 좋아하고 관심 있어 하는 것의 씨앗을 잘 찾아서 심도록 도와주는 것입니다.

그 씨앗들이 언제 나무가 되어 어떤 열매를 맺을지는 모르지만 그 여정을 함께해주는 것만으로도 아이의 자신감이 무럭무럭 자랍니다. 어린 나이에 열매를 손에 쥔 아이가 자신감이 높은 게 아닙니다. 어떤 열매가 열릴지는 모르지만 설레는 마음으로 여러 씨앗을 심은 경험들이 쌓여 자신감이 높아집니다.

아이가 좋아하는 것을 함께해주세요. 평가나 판단, 우려나 걱정은 내려놓고 아이의 표정을 찬찬히 살피며 같이 행복을 느껴보세요. 물론, 아이의 관심사와 부모의 관심사는 다를 수 있습니다. 좋아하는 것도 당연히 다르겠죠. 저도 여전히 게임을 별로 좋아하지 않고, 로봇에 대해서도 잘 모릅니다. 하지만 저는 제 아이를 좋아합니다. 아이가 저의 관심사입니다. 좋아하니 사소한 것들이 보입니다. 아이의 작은 표정도, 별거 아닌 취향도 소중합니다.

눈을 반짝이며 좋아하는 것을 하는 아이를 보면 행복합니다. 그래서 아이가 자신만의 씨앗을 심는 것을 잘 지켜보며 돕습니다.

아이에게 좋아하는 것을 물었을 때 기꺼이 대답해주는 시기는 매우 짧습니다. 조금만 지나면 귀찮다며 대답을 안 하거나, 이해하지 못한다며 입을 다물겠죠. 그리고 제가 부모님께 그랬듯 부모보다 더 생각이 맞는 또래들을 찾을 것입니다. 그때가 되었을 때 제 아이가 자신에게 이로운 사람들을 잘 찾는 눈을 갖기를 바랍니다. 그래서 더욱 아이의 자신감을 키워주어야 합니다.

긍정 강화

· 무심코 하는 말 ·
"아직도 혼자 못 하면 어떡해."

· 들려줘야 할 말 ·
"혼자서 해낼 수 있는 게 이렇게 많다니!"

아이를 병원이나 조리원에서 처음 집으로 데려왔던 때를 기억하나요? 저는 제 아이를 낳고 처음 집으로 데려왔을 때 혼자서 아무것도 하지 못하는 아이를 안고 어찌할 바를 몰랐습니다. 무엇부터 해야 하는지 하나도 떠오르지가 않아 무력한 기분마저 들었습니다. 눕혀 놓은 자리에서 꼼짝 않고 있으면서 우는 것밖에 못 하는 아이를 보며 그저 눈앞이 깜깜했습니다.

세상에서 가장 소중한 이 아기를 위해 이제부터 생존에 필요한 모든 것을 대신해주어야 한다는 대단한 부담감이 몰려들었습니다. 목도 제대로 가누지 못하고 혼자서는 먹는 것도, 싸고 난

후 뒤처리도 못 하는 아이를 '언제 사람으로 키우나' 하고 한숨을 푹푹 쉬었습니다. 하루하루 '제발 이거라도 혼자 해냈으면 좋겠다' 하고 간절히 바랐던 기억이 납니다.

"혼자서 해낼 수 있는 게 이렇게 많다니!"
"당연하지, 이 정도는 혼자 하지."
"당연하지 않아! 대단한 거지!"

귀 뒤쪽에 샴푸가 잔뜩 남은 채 '혼자 머리를 감았다'며 의기양양하게 웃는 아이를 보며 말해주었습니다.

언제 크나 했던 아이는 여섯 살이 넘어가자 스스로 할 줄 아는 게 무척 많아졌습니다. 어떤 날은 혼자 옷을 갈아입고 책을 읽으며 과일을 입에 쏙쏙 넣는 모습을 보며 감동에 빠졌습니다. 저와 연결되어 있던 그 작디작았던 세포가 불과 몇 년 만에 이렇게나 혼자서 해낼 수 있는 게 많은 존재가 되었다는 것이 경이로웠습니다.

매일 당연하게 하는 일들을 일일이 칭찬하고 대단하다 추켜세우라는 말이 아닙니다. 지나친 칭찬은 아이에게도 부모에게도 피로감을 일으킬 뿐만 아니라 건강한 발달을 저해하기도 하니까요. 하지만 당연하지 않다는 것을 기억하며 감동의 시선으로 아이를 보는 것은 무척 중요합니다.

당연한 게 아니라
잘해내고 있는 것이다

≈

신생아를 키우며 힘들어하는 부모들에게 아이가 5~6세가 되면 육아가 한결 수월해진다는 이야기를 자주 해줍니다. 저의 경험을 일반화할 수는 없지만, 이 시기 보통의 아이들은 발달적으로 스스로 할 줄 아는 게 많아집니다.

기본적인 일상 활동을 혼자 할 줄 알게 되며, 언어적 의사소통이 명확해집니다. 또 또래 친구들과의 관계가 중요해지고 부모의 관여 없이도 다양한 놀이가 가능해집니다. '독립'은 아이가 신체적, 정서적, 사회적, 인지적 측면에서 부모로부터 자율성을 획득하고, 자신만의 생각과 행동을 스스로 결정할 수 있는 능력을 갖추는 것을 말합니다. 아이는 부모에게 묶여 있던 탯줄을 끊는 그 순간부터 점진적으로 독립해 나가는데, 5~6세는 많은 부분에서 눈에 띌 만한 성과를 보이는 시기죠.

"우리 애는 독립적이지 않아요. 혼자 제대로 하는 게 하나도 없어서 걱정이에요."

그런데 갑자기 이 시기에 부모들의 걱정이 많아집니다. 아이러니하게도 이전에는 부모의 도움이 필요했던 많은 일을 혼자 해내기 때문입니다. 몇 해 전만 해도 '제발 혼자…라도 했으면'라고 바랐던 것들이 실현됐는데 말이죠.

그런데 왜 걱정이 되냐고요? 아이가 몇 년에 걸쳐 해내게 된 것들이 금세 당연하게 느껴지기 때문입니다. 갑자기 부모의 몸이 편해지면서 아이가 스스로 해내는 것들에 빠르게 익숙해집니다. 어쩌면 아이가 제대로 못 하는 것이 눈에 띄는 이유는 많은 것을 당연하게 잘해내고 있기 때문인지도 모릅니다.

"언제 이런 걸 혼자 할 수 있게 되었어?"
"1년 전만 해도 시도도 못 했던 건데 훌륭하다!"
"이건 아직 혼자 못 할 줄 알았는데! 쑥 자랐네!"

저는 어쩌면 '당연한' 아이의 성장과 발전을 발견할 때마다 적극적으로 표현을 해주었습니다. 남편은 그런 저를 신기하다고 합니다. 어떻게 몇 년째 감동이 그대로냐는 겁니다. 물론 저도 일상에 익숙해져서 감동은커녕 아이에게 더 많은 것을 바라는 날도 있습니다. 다른 아이들과 비교하여 뒤처진 부분이라도 보인다 치면 울컥 속상해지기도 합니다. 조금이라도 '발달이 느린 것 아니야' 하는 생각이 들면 마음이 요동치기 시작합니다. 혹시 우리 아이에게 문제가 있는 것은 아닌가 노심초사하며 온갖 전문가의 의견을 찾아봅니다.

하지만 모든 아이는 저만의 속도를 가지고 성장하고 있습니다. 그 성장이 당연해 보인다고 감탄할 줄 모르면 그 어떤 성취나 성과에도 금세 심드렁해지고 느린 것만 보일 것입니다. 인간은 익숙한 것은 매우 빠르게 당연시하기 때문입니다. 부모의 그런 시선은 아이가 독립적인 인격체로 자라나는 데 장애물이 됩니다.

안정적인 관계를 유지하기 위한 '마법의 비율'

≈

아이가 독립적이지 않고 혼자 해내는 게 없다는 생각이 든다면, 잠시만 아이를 관찰해보세요. 불과 지난주, 지난달, 작년까지만 해도 엄두도 못 냈던 것들을 스스로 해내고 있지 않은가요? 그 부분을 충분히 인정해주었나요? 그만큼의 성장을 이루어내기 위해 아이가 얼마나 고군분투하고 있는지 알아주었나요? 아이가 스스로 하게 된 것들에 집중하지 않고, 여전히 못 해내는 것에만 관심을 기울이고 있는 건 아닐까요?

관계 전문가인 워싱턴 대학교의 존 가트맨 John Gottman 박사는 안정적인 관계를 유지하기 위한 '마법의 비율'이 있다고 말했습니다. 이 마법의 비율은 1대 5입니다. 즉 한 번의 부정적인 상호작용당 적어도 다섯 번 이상의 긍정적인 상호작용을 해야 한다는 것이죠.[19] 결혼한 부부들 사이의 만족도와 안정성을 측정해 보니 이러한 비율을 대체로 지키고 있었다고 합니다.[20]

인간관계에서 부정적인 상호작용이 없을 수는 없습니다. 하지만 건강하고 만족스러운 관계는 몇 차례의 다툼이나 갈등으로 깨지지 않습니다. 더 많은 긍정적인 상호작용은 관계를 안전지대에 확실하게 안착시킬 뿐 아니라, 조언이나 충고를 피드백으로 활용할 수 있는 수용적인 자세를 갖도록 하는 근간이 됩니다.

'독립'은 '점'이 아니라 길고 어려운 '과정'이다

≈

어느 순간 완성형의 '독립'이 일어나는 게 아닙니다. 독립을 해나가는 과정은 길고 어렵습니다. 사회적인 동물인 인간에게 독립은 혼자 사는 법이 아니라 더불어 사는 세상에서 스스로를 믿는 법을 배우는 것이니까요. 그런데 지금까지 해낸 것이 아닌 앞으로 해야 할 것에만 집중하면 영원히 부족해 보일 수밖에 없겠죠.

우리의 뇌는 새로운 것을 배울 때마다 변합니다. 이를 신경가소성 Neuroplasticity이라고 합니다.[21] 뇌세포는 태어날 때 대부분 다 형성되지만 뉴런의 연결은 끊임없이 일어납니다. 학습과 경험은 뉴런 간 연결을 강화하여 더욱 효율적인 네트워크를 만듭니다. 아이가 이룬 것에 긍정적인 피드백을 해주면 관련 뉴런 간의 연결이 강화됩니다. 이런 부모의 지지는 아이의 내적 동기와 독립심을 키워줍니다.[22]

아이가 아직 못 하는 것 말고 이미 해낸 것에 집중해주세요. 앞으로 이루어가야 할 길고 긴 독립의 길을 보며 한숨짓기보다 지금까지 걸어온 독립의 길을 함께 기뻐하며 축하해주세요.

인간은 경험과 이야기를 통해 삶을 이해합니다.[23] 이야기를 통해 경험을 체계화하고 현실을 지각한다는 것은 부모들에게 시사점이 많습니다. 부모야말로 아이가 최초로 만나는 이야기꾼이기 때문입니다. 부모가 해주는 아이에 대한 이야기는 현실의 반영일 뿐 아니라 부모의 관점과 시각이 반영된 애정 어린 재구성입니다. 이런 이야기를 통해 아이는 산발적인 경험에 의미를 부여하고 자신을 더 잘 이해하게 되죠.

부모가 아이에게 긍정적인 이야기를 들려주면 아이는 자신을 긍정적인 시선으로 바라보게 됩니다. 부모가 아이의 성취에 초점을 맞추면 아이 또한 그런 시선을 가지게 되죠. 평생 독립의 과정을 겪어야 하는 아이에게 이는 큰 자산이 됩니다.

용기 증진

· 무심코 하는 말 ·
"잘할 수 있지? 힘내!"

· 들려줘야 할 말 ·
"새로운 일을 할 때 무서운 건 당연한 거야."

막 초보 부모가 되었을 때 무척 혼란스러웠던 기억이 납니다. 뒤엉키는 감정의 소용돌이에 휘말려 어떤 답도 찾기 어려웠습니다. 피곤하고 힘들고 도망가고 싶은데 한편으로는 예쁘고 사랑스럽고 제 전부를 주고 싶다는 복잡한 감정이 일어나 그 사이에서 우왕좌왕하며 자책만 늘어갔습니다.

"아이 키우는 건 너무 피곤하고 힘들어."
"그럴 거면 왜 낳았어. 부모인 게 얼마나 감사하고 행복한 건데."

부모라면 이런 식의 대화를 한 번쯤은 해봤을 것입니다. 직접 해보지 않았더라도 SNS나 다양한 매체를 통해 이런 대화를 보고는 울적한 기분이 들기도 했겠죠. 힘들다고 행복하지 않은 것은 아니었을 것입니다. 아이가 싫다거나 감사하지 않는 것도 아니었겠죠. 그저 힘들다고 말하고 싶었던 것입니다.

피곤하고 힘들고 감사하고 행복한 감정은 공존할 수 있습니다. 그런데 하나의 감정만 남기고 나머지는 버리라고 종용받으면 참 서럽습니다. 육아가 힘든 이유 중 하나는 이런 상반되는 감정을 인정받지 못하기 때문입니다. 자연스럽게 느껴지는 서로 다른 감정들은 '틀린 것'이니 하나만 선택하라고 강요받습니다. 그러면 여러 감정을 한번에 느끼는 자신이 비정상적으로 느껴지죠.

이럴 때 필요한 위로는 '맞아, 부모는 참 힘들어'였습니다. 부정적인 감정을 인정하고 공감받으면 부모라서 감사하고 행복하다는 긍정적인 감정이 더 빛을 발합니다.

양가감정은 성장의 좋은 신호다

≈

'양가감정 Mixed feeling'은 하나의 대상 혹은 특정 상황에서 반대

되는 감정을 동시에 느끼는 것을 말합니다. 일상생활에서도 '시원섭섭하다'거나 '달콤쌉쌀'하다는 말을 종종 하지 않나요?

이러한 양가감정은 특히 삶에 큰 변화가 있을 때 강렬하게 느껴집니다.[24] 복잡한 감정을 동시에 느끼면서 복잡한 상황과 경험을 더 잘 이해하고 받아들이게 됩니다.

"할 거야, 말 거야? 마음을 정해! 이럴 거면 그냥 하지 마!"

그런데 아이의 양가감정 표현에 어떻게 반응하나요? 저도 양심 고백을 하자면 우왕좌왕하는 아이에게 이렇게 소리 지른 적이 한두 번이 아닙니다. 새로운 환경이나 사람에 예민한 아이를 키우며 가장 많이 겪었던 경험이기도 합니다. 할 수 있는 능력이 있고 하고 싶어 하는 거 같은데도 주춤하는 아이를 보며 폭발하는 것이죠. 혹은 힘들게 준비했는데 100퍼센트 좋아하지 않는 아이에게 심통이 난 것입니다.

매 순간 성장하고 변화하는 아이들은 양가감정을 많이 느낍니다. 더구나 감정을 인식하고, 표현하고, 조절하는 능력이 미숙하기에 혼란스러운 감정에 울음을 터뜨리거나 떼를 쓰기도 합니다. 초보 부모일 때 양가감정 중 하나만 선택하라는 말이 그렇게도 서러웠는데, 모든 상황이 새로운 아이에게 똑같이 종용하는 꼴입니다. 어떤 일이든 좋기도 하고 싫기도 하고, 무섭기도 하고 설레기도 할 수 있습니다. 지극히 자연스럽고 또 정상적입니다.

아이가 양가감정을 느끼고 있다면 오히려 성장의 좋은 신호입니다. 새로운 일에 도전하고 있거나 이전에는 부모에게 의존하던 것들을 혼자 힘으로 헤쳐 나가려 할 때 느끼는 성장통이니까요.

아이는 혼자 힘으로 결정을 내리고 그 결과에 책임을 지는 과정을 연습합니다. 이런 과정에서 설레기도 하고 두렵기도 하지요. 독립해 나가는 아이는 자율성을 추구하면서도 보호와 안전을 원합니다.[25] '혼자 할 거야' 하면서도 잘 안 되면 금세 부모를 보거나 눈물을 터뜨릴 수 있습니다.

아이는 태어나는 순간부터 양육자로부터 멀어지려고 발버둥을 칩니다. 동시에, 부모가 주는 안락하고 편안한 감정도 버리고 싶어 하지 않죠. 자신만의 길을 찾으려고 노력하면서도 익숙하게 봐온 부모의 행동에서 벗어나기가 쉽지 않습니다. 부모의 기대와 자신의 욕구 사이에서 수없이 갈등을 겪으며 불안과 기대가 교차합니다. 하고 싶기도 하지만 하고 싶지 않기도 하고, 준비가 된 것 같다가도 모든 게 부족해 보이기도 합니다.

경험의 폭이 좁은 아이에게는 이러한 양가감정이 더욱 혼란스럽고 불편합니다. 답을 찾지 못하면 두려움이 생기고 혼란스러운 상태가 영원히 지속될 수도 있다는 겁이 납니다. 하지만 아이가 느끼는 이런 고통은 독립을 위해 반드시 필요한 것입니다. 고통 없는 성장은 없기 때문입니다.

> "징징댈 거면 그냥 하지 마."
> "좋다면서 표정은 왜 그래!"
> "하나만 해, 하나만!"

양가감정은 어른에게도 어렵습니다. 특히 아이의 감정을 '해소'해주어야 한다는 의무감을 느끼는 부모에게는 더욱 어렵습니다. 아이가 양가감정을 느끼면 부모는 불안해집니다.[26] 그래서 빠르게 해결할 수 있는 '정답의 감정'을 찾고 싶은 거죠. 그런 마음이 왜곡되게 표현되면 아이에게 윽박지르거나 혼을 내기도 합니다. 반대의 방향으로 튀는 복잡한 감정을 호소하면 심리적으로 불안정한 것은 아닌가 우려도 됩니다. 아이를 행복하게 해주지 못하는 부모라는 자책감도 들지요. 부정적인 감정과 긍정적인 감정이 한번에 일어나면 긍정적인 감정 쪽으로 유도를 하는 것도 이 때문입니다. 하지만 감정의 선택을 강요한다고 자연스럽게 일어나는 반응을 막을 수는 없습니다.

혼란 속에서 손을 잡아주는 것이
부모의 역할이다

≈

외부에 의해 강제적으로 선택하게 되면 스스로를 이상한 사람으로 여기며 자책을 하게 됩니다. 자신이 느끼는 수많은 감정 중 외부에서 인정하는 한 가지 감정만이 중요하다는 것을 학습하게 되죠. 다양한 감정을 한번에 느끼는 자신이 비정상이거나 무능력한 것이니 외부인을 과하게 믿게 될 수도 있습니다.

내면에서 자연스럽게 느껴지는 감정을 받아들이지 못하면 스스로에 대한 불신이 생깁니다. 그래서 내면에 일어나는 혼란을 받아들이는 법을 아이에게 가르쳐야 합니다. 감정을 있는 그대로 받아들이는 것은 스트레스 관리를 용이하게 해주며 감정으로 인한 문제를 더 유연하게 해소할 힘을 줍니다.[27]

상충되는 다양한 감정이 동시에 존재할 수 있다는 것을 받아들이면 정서적 탄력성 Emotional Resilience 이 높아집니다. 정서적 탄력성이 높은 아이는 심리적으로 건강할 뿐 아니라 삶의 만족도가 높습니다.[28] 부정적인 감정을 일으키는 상황에서도 긍정적인 감정을 도구로 이용하여 회복하는 방법을 알고 있습니다.[29]

복합적이고 다층적인 감정이 자연스럽다는 것을 알려주며 혼란 속에서 손을 잡아주는 것이 부모의 역할입니다. 부모가 아이의 복잡한 감정을 공감해주면 아이 역시 자신의 복잡한 감정을 받아들이게 됩니다.

양가감정을 느낀다는 것은 미숙하다는 뜻이 아닙니다. 서로 다른 다양한 감정을 인식하고, 받아들이고, 조절하는 법을 배워야 할 뿐이죠. 자연스럽게 느껴지는 양가감정 때문에 자책하고 좌절하는 아이는 건강한 방향으로 성장하기 힘듭니다. 그러니 아이의 양가감정을 있는 그대로 인정해주세요. 그런 감정의 소용돌이는 성장의 일부이며 혼란스러운 감정 속에서도 선택과 결정을 쌓아 나가는 것이 독립의 과정임을 알려주세요.

Part 2

초등기,
사회 속 자신감을
키워주는 말

Step 6

도전 정신과 잠재력을 성장시키는 말

초등학생이 되면서 새로운 환경에서 새로운 성장이 일어납니다. 어른에게는 지나온 길이지만 아이에게는 두려운 도전입니다. 아이는 미래를 예측할 수 없기에 불안을 크게 느낄 수 있지만 부모의 믿음을 닻으로 사용할 수 있습니다. 아이가 자신의 성장을 확인하고 내적 동기로 활용할 수 있도록 도와주세요. 무엇보다 스스로의 잠재력을 인식하고 도전에 긍정적인 태도를 가지게 해주는 것이 중요합니다. 실패를 결과가 아닌 학습의 과정으로 바라보는 태도는 아이가 도전을 두려워하지 않고 지속적으로 나아가게 합니다. 이제 막 사회에 첫발을 내딛는 아이에게 도전과 배움을 통해 원하는 바를 이룰 수 있다는 것을 알려주세요. 부모의 긍정적 지지는 아이의 자기 효능감을 높이고, 성장하는 과정을 즐기도록 합니다.

내적 동기 부여

· 무심코 하는 말 ·
"이러면 친구들보다 뒤처져."

· 들려줘야 할 말 ·
"지난번보다 얼마나 성장했는지 볼까?"

부모님의 집에는 아이의 키를 재는 벽이 있습니다. 아이는 할머니 할아버지 집에 갈 때마다 위로 차곡차곡 쌓이는 줄들을 보며 뿌듯해합니다. 이 벽에서 아이는 과거의 자신과 경쟁합니다. 무조건 이길 수밖에 없는 상대와의 싸움이죠.

과거 자신과의 비교는 성장의 척도가 됩니다. 하지만 남과의 비교는 상처가 되죠. 자신이 통제할 수 없는 다른 사람의 성과를 기준 삼는 것은 일종의 폭력이기 때문입니다.

자존감은 다양한 요소로 이루어집니다. 그중에서도 특정 상황에서 자신이 목표를 달성하거나 과제를 수행할 수 있다는 자신의 능력에 대한 신념, 즉 자기 효능감은 자존감의 중요한 축입니다.[1] 이러한 믿음은 개인의 동기, 행동, 성취 등 전반적인 역량에 큰 영향을 미칩니다. 자기 효능감을 높이기 위해서는 성공 경험을 축적해야 합니다. 주변인들의 성공 경험을 관찰하고 긍정적인 피드백을 받는 것도 중요합니다. 자기 효능감이 높은 부모가 자기 효능감이 높은 아이를 키우는 것이죠.[2]

여기에서 성공 경험은 남들의 눈에 띄는 정량적인 성취를 일컫는 것이 아닙니다. 스스로 해냈다는 기분이 드는 성장의 경험을 말하는 것이죠.

어려서부터 쌓은
성공 경험이 중요하다

자신의 과거와 오늘을 비교하면 성공 경험을 더 잘 기억하게 됩니다. 과제가 점차 어려워져도 이전에 해냈다는 기억이 위안과 안도, 그리고 동기가 되어주죠. 과거의 자신을 돌아보며 얼마나 성장했는지 가늠하는 것은 미래에도 도움이 됩니다. 자신의 능력을 객관적으로 보고 적절한 도전을 할 수 있게 하니까요.[3]

이런 경험들을 통해 자기 효능감은 더욱 높아집니다. 그래서

어려서부터 쌓은 성공 경험이 중요합니다. 그 경험들을 시발점으로 자기 효능감을 쌓아가기 때문입니다.[4]

언젠가 아이에게 "너는 잘하는 게 뭐가 있어?" 하고 물은 적이 있습니다. 아이는 의외의 답을 했습니다.

> "나는 밥을 잘 먹고, 잠도 잘 자고, 학교도 잘 가고, 새로운 것에 도전도 잘해!"

놀라웠던 이유는 아이가 나열한 모든 것들이 저를 힘들게 한 요소였기 때문입니다. 아이는 학교 급식에서 나오는 매운 음식은 전혀 먹지 않고, 몇 가지 국과 반찬을 매일 돌려 먹으며, 초등학교 1학년인데도 주에 2~3회는 새벽에 깨서 저한테 안깁니다. 새로운 환경과 새로운 사람에 매우 민감하며 아주 오랜 시간 마음을 준비해야 한 발을 내딛는 아이입니다.

하지만 아이는 자신의 약점을 '못하는 것'으로 분류하지 않았습니다. 남들과 비교하며 자신의 현재를 부끄러워하지도 않았죠. 자신에게 부족한 점이 있어도 성장을 해온 과정 자체를 '잘하는 것'으로 분류할 수 있게 된 것입니다. 남들 눈에 보여주기 위한 결과가 아닌 내면의 성장에 집중할 힘을 키운 것입니다. 비교의 초점을 자신에게 맞출 수 있는 자기 효능감을 갖추어가며 성장해 나가고 있습니다.

비교하는 '남'은
내가 선택하는 것이다

'남'에 대해 입버릇처럼 말하는 사람이 있습니다. 하지만 그 '남'이 누군지 정확하지 않습니다. 이 세상에 '남'은 정말 많습니다. 자신을 제외하면 모두가 '남'입니다. 그러니 자신이 신경 쓰고, 자신이 잘 보이고 싶고, 자신과 아이를 비교하는 '남'은 자신이 선택하는 것입니다. 스스로를 불편하게 하는 '남의 의견', '남의 시선', '남의 성과'에 집중하는 것은 '자신의 선택'입니다. '남'이라고 이름을 붙이지만 사실 자신의 의견, 시선, 그리고 기준인 셈이죠.

타인과의 비교를 통해 자신의 위치를 파악하면 자기 효능감이 낮아집니다.[5] 자신의 능력에 대한 내적 확신이 부족하기에 외부로부터 인정받아야만 자신의 가치를 확인할 수 있는 사람은 남의 결과에 집중합니다. 자신에 대한 믿음이 없어질수록 남과 더 많이 비교하게 됩니다. 남의 의견이나 평가에 의존하면 외부의 작은 피드백에도 쉽게 흔들립니다.

그런데 남과 비교하면 할수록 실패 경험이 쌓입니다. '남'은 구체적인 실체가 아닌 상상이 만들어낸 허상이기 때문입니다. 자기 효능감이 점차 더 낮아지는 악순환에서 헤어나오기 어려워지는 것이죠.

미국의 사회심리학자 줄리언 로터Julian B. Rotter가 고안한 '통제위치Locus of Control'는 자신의 영향력 밖에 있는 외부의 힘External Forces에 대항하여 삶에서 일어나는 일에 대해 스스로 얼마나 통제하고 있는지 믿는 정도를 말합니다.[6] 자신의 삶이 내부 요인, 즉 노력이나 능력 등에 의해 결정된다고 믿는 사람을 '내적 통제위치'가 높다고 정의합니다. 반대로, 자신이 통제할 수 없는 외부 요인에 의해 삶이 좌우된다고 믿는 사람은 '외적 통제위치'가 높은 거죠.

후자의 사람들은 일반적으로 자기 효능감이 낮습니다.[7] 이런 사람들은 어려운 상황에서 쉽게 포기하는 경향이 있으며, 우울감이나 불안을 더 자주 느낄 확률이 높습니다. 자신의 성공이나 실패를 운, 타인의 행동, 혹은 환경 탓이라고 믿기에 자신이 상황을 헤쳐 나갈 수 있다는 믿음이 낮은 것이죠. 통제위치와 자기 효능감 사이의 관계를 분석한 메타 분석에 의하면 내적 통제위치가 높은 사람들이 더 높은 자기 효능감을 가지고 있다고 합니다. 어려운 상황에서도 자신의 행동이 결과에 영향을 미칠 수 있다

는 믿음을 가지고 있기 때문입니다.[8]

다른 사람의 성취나 성과는 자신이 통제할 수 없습니다. 자신이 처한 환경이나 결과도 통제하지 못하는 부분이 많습니다. 그런 것들에 집중하면 자기 효능감이 낮아집니다. 그래서 아이에게 내적인 성취감을 추구하고, 성장을 중시하는 태도를 가르쳐야 합니다. 작은 성취와 성과들을 쌓고 자기 신뢰를 축적하도록 도와야 하죠. 그러려면 자신의 가치와 능력을 자신만의 기준으로 스스로 평가하는 연습과 자신의 성장을 알아차리는 시선을 훈련하도록 해야 합니다.

아이는 각기 다른 모양으로 성장하는 중이다

≈

여기서 주의해야 할 점은 '성장'의 본질적인 의미입니다. 성장은 딱 떨어지는 결과만이 아닙니다. 정량적으로 측정이 가능한 수치나 규모만으로 평가할 수도 없습니다. 성장은 겉으로 보이는 성과만으로 가늠할 수 없으며, 모든 상황에서 모든 사람에게 같은 속도나 방향이 적용되지 않습니다.

정량적인 수치가 그대로이거나 뒷걸음질치는 것 같아 보일 때도 성장은 일어날 수 있습니다. 기존에 가던 길을 다른 방향으로 변경했기에 처음부터 다시 시작하는 것 또한 성장이 될 수 있습니다. 몸과 마음의 건강을 위해 속도를 늦추는 것도 성장입니다. 매일 스스로를 소중히 하며 살아가고 있다면 각기 다른 모양으로 성장하는 중입니다.

"지난번보다 얼마나 성장했는지 볼까?"

아이가 스스로의 성장을 돌아볼 수 있는 질문을 해주면 자기 효능감이 강화됩니다.[9] 아이가 스스로의 성장을 알아차릴 수 있는 눈을 키워주어야 합니다. 남들이 정한 사회적 기준에 아직 미치지 못했을 때도 스스로 성장해 나가고 있다는 것을 인식할 수 있게 해야 합니다.

그러니 자주 질문해주세요. 아이의 성장을 알아차려 주는 것에서 나아가 아이가 스스로 알아차릴 수 있는 기회를 제공해주세요. 아이의 성장에 긍정적인 피드백을 해주고 아이가 스스로를 더 믿도록 도와주세요. 성장의 의미를 생각하고 지나간 경험을 성장으로 인식할 수 있도록 돕는 것이죠. 지나간 노력과 오늘의 결과 간의 관계를 인식하며 성장해 나가면 자기 효능감이 강화됩니다.

귀인 이론

· 무심코 하는 말 ·

"왜 자꾸 실수해?"

· 들려줘야 할 말 ·

"처음부터 잘하는 사람은 없어."

당연히 어떤 일이든 처음부터 잘하는 사람은 없습니다. 처음에는 누구도 잘하지 못합니다. 너무나 명백한 사실인데도 우리는 이를 자주 잊고 삽니다. 처음이 지나면 익숙해지고, 익숙한 것은 당연해집니다. 당연해지면 또다시 처음에 잘하지 못했던 것을 잊습니다. 개구리가 올챙이 적 생각을 못 한다는 속담이 딱 들어맞습니다. 그래서 엄마와 아빠도 처음 배우는 아이를 있는 그대로 두고 보는 것이 어렵습니다. 영영 그럴까 봐 걱정도 됩니다. 무엇인가를 잘하게 되는 데는 정말 많은 시간이 걸린다는 점을 잊은 것이죠.

"엄마, 나 작년에는 한글을 못 읽었지?"
"그렇지! 근데 지금은 책을 혼자 읽네. 너무 신기하다. 그치?"
"처음에는 못 할 줄 알았는데 결국 해냈어!"
"그럼! 처음부터 잘하는 사람은 없어."

한글 읽기가 도통 늘지 않고 힘겨워하던 아이를 보고 불안해했던 게 엊그제 같은데 아이는 그새 또 쑥 성장해 있었습니다. 처음이라 제대로 해내지 못하는 아이를 보며 안절부절못하느라 자연스러운 발달 과정을 심각한 문제로 확대한 것은 부모라는 걸 다시금 깨닫습니다.

비교 자체가
성립되지 않는다

≈

아이가 초등학교에 입학하고 줄넘기를 집에 가져왔습니다. 태어나 처음 줄넘기를 하는 아이는 아무 요령도 없이 무작정 줄을 휘두르며 뛰기 시작했습니다. 박자가 맞지 않으니 줄넘기를 가져온 첫날에는 겨우 두세 개만 뛰어넘었습니다. 잘 뛰는 다른 아이들을 보고는 자신도 잘할 수 있을 거라 생각했던 아이는 실망하며 속상해했습니다. 생각보다 어렵다며 선생님이 원하는 만큼 못 할 거 같다고 좌절도 했습니다. 이런 상황에서 부모의 반응이 중요합니다.

"이렇게 쉬운 걸 왜 그거밖에 못 해?"
"그냥 뛰는 건데 그게 뭐가 어렵다는 거야."
"남들 다하는 건데 그게 속상할 일이야?"
"다른 친구들은 몇 개나 했어?"
"뒤처지면 안 되니까 당장 학원 알아보자."

사실, 태어나 처음 줄넘기를 하는 거라면 눈대중으로 손잡이를 잡고 뛰는 시늉을 했다는 것만으로도 대단히 훌륭합니다. 처음인데 원하는 만큼 제대로 뛰지 못하는 것은 당연합니다. 그런데 다른 친구들보다 못 한다는 정보와 아이의 속상한 표정을 보면 부모는 반사적으로 반응하게 됩니다. 빠른 시간 안에 남들만큼, 아니 남들보다 더 잘할 수 있는 방법을 찾아주려고 합니다. 혹은 부모에게는 쉬워 보이는 과제를 빠르게 해내지 못하는 아이에게 실망의 눈초리를 보냅니다. 아이가 더 잘되었으면 하는 불안에 기반한 반응들입니다.

"친구들은 열 개 이상도 뛰던데 나는 세 개도 제대로 못 하네."

"하고 싶은 만큼 안 되어서 속상하겠다!"

"응, 더 잘할 수 있을 줄 알았어."

"생각만큼 일이 잘 안 될 때 엄마도 많이 속상하더라. 그런데 처음부터 잘하는 사람은 없어. 윤우는 오늘 줄넘기를 처음 해봤잖아. 처음인데 이 정도 하는 것도 훌륭한걸!"

"맞아. 처음부터 잘하는 사람은 없어. 오늘부터 연습하면 돼."

"그럼! 몇 개나 하고 싶어? 일주일 목표를 같이 세워볼까?"

아이는 자연스럽게 친구들과 자신을 비교할 수 있습니다. 하지만 그런 정보가 저에게는 중요하지 않습니다. 제 아이보다 줄넘기를 더 많이 뛴 그 친구는 줄넘기를 처음 해본 게 아닐 것입니다. 혹은 줄넘기는 처음이라고 해도 다른 종류의 운동을 제 아이보다 많이 했겠죠. 비교가 무의미할 뿐 아니라 비교 자체가 성립이 되지 않습니다.

저는 아이가 스스로 쌓아올릴 수 있는 것들은 섣불리 외부 기관의 도움이나 지름길을 제시하지 않습니다. 무엇인가 해내고자 하는 동기와 의지는 내면에서 우러나와야 함을 알고 있기 때문입니다. 누군가가 가르쳐주는 '~법'은 동기와 의지가 단단할 때만 의미가 있습니다. 생존을 위해 고군분투하지 않아도 되는 아이가 집중해야 할 것은 누군가의 도움으로 빠르게 성과 내기가 아니라 자신이 원하면 성취할 수 있다는 믿음입니다.

아이는 일주일에 2~3회씩 자발적으로 연습을 했습니다. 결국 저도 줄넘기를 구매해서 함께 뛰었습니다. 서로 자세를 봐주고 영상을 찍어가며 기록을 측정했습니다. 한 달쯤 지나고 스무 개를 넘게 뛰더니, 석 달이 지나고는 120개의 최고 기록을 세웠습니다. 그렇게 아이는 처음부터 잘하는 사람은 없지만, 노력의 시간이 축적되면 결국 원하는 것을 이룰 수 있다는 경험을 하나 더 쌓았습니다.

처음의 의미를
알려주어야 한다

≈

제 아이가 처음부터 이랬던 것은 아닙니다. 처음 배우는 게임에서 졌다고 울고불고 안 하겠다고 한 날도 많았습니다. 로봇 조립이 마음대로 안 되자 로봇은 필요 없다며 심통을 부리기도 했습니다. 하지만 수년간의 대화와 경험을 통해 처음부터 잘하는 사람은 없다는 것을 배웠습니다. 어른인 엄마와 아빠도 처음 하는 일에 쩔쩔매는 것도 자주 목격했습니다. 그러면서 처음의 좌절이 영원하지 않다는 것도 배웠죠.

  많은 사람이 능력이나 재능을 타고나면 자기 효능감이 높을 것이라고 착각합니다. 노력 없이 뭐든 잘하면 스스로에 대한 믿음도 높을 것이라고 믿는 것이죠. 하지만 처음부터 잘해야 한다는 생각은 비현실적인 기대일 뿐 아니라 장기적으로 이롭지 않습니다. 예상외로 처음부터 잘해내도 오히려 불안감에 휩싸이는 경우도 많습니다.

  비현실적인 목표는 스스로를 갉아 먹습니다. 애초에 달성하지 못할 목표였는데, 달성하지 못했다고 좌절합니다. 결국 자신이 실패하기를 자신이 가장 바랐던 셈입니다. 자기 효능감은 반복적인 연습과 작은 성공 경험이 축적되어 점진적으로 쌓입니다. 노력과 시간을 쌓아올리는 과정에서 해낼 수 있다고 믿는 자기 효능감이 올라갑니다.

  귀인 이론은 사람들이 성공과 실패의 원인을 어떻게 해석하느냐에 따라 동기와 자기 효능감이 달라진다고 설명합니다.[10] 성공을 의도와 동기, 전략과 노력과 같은 내부적이고 통제 가능한 요인으로 귀인하면 자기 효능감이 강화됩니다. 내부 귀인을 하면 특정한 결과를 얻기 위해서는 행동을 쌓아야 한다는 믿음이 생깁니다. 반대로, 성공 요인을 타고나는 재능, 능력 혹은 통제할 수 없는 외부 환경에 귀인하면 자기 효능감이 떨어집니다.

외부 귀인을 하면 처음부터 잘하지 못하면 의미가 없다는 왜곡된 믿음을 갖게 됩니다.[11] 그래서 아이가 외부 환경이나 타고난 재능, 능력과 같은 통제하지 못하는 것들이 아닌 동기와 노력 그리고 행동과 같은 통제할 수 있는 것들에 집중하도록 도와야 합니다.

"대체 몇 번을 말해!"

아이에게 소리 지르기 전에 자신이 처음 배우는 것에 숙달되기 위해 얼마나 많은 노력을 했는지 한 번만 돌아보세요. 새로운 것에 익숙해지고 자연스럽게 해내기까지 얼마나 많은 시간과 정성을 들였는지 헤아려보세요. 그러면 아이가 뺀질거리는 것이 아니라 고군분투하고 있는 게 보입니다.

아이의 자기 효능감을 키워주려면 '처음'의 의미를 잘 알려주어야 합니다. 자신의 능력을 믿지 못하는 사람은 처음부터 잘하는 것이 곧 재능이라고 생각합니다. 그래서 서투른 자신을 견디지 못하고 노력을 쌓을 생각조차 하지 않는 것이죠. 뛰어난 사람은 처음부터 잘하는 사람이라는 믿음이 있기 때문에 아이도 처음부터 잘하기를 바랍니다. 미숙한 아이를 보면 불안하고 걱정이 되는 것입니다.

처음 없이
그다음은 없다

≈

    이런 왜곡된 관점을 수정하려면 부모도 처음 하는 일들을 늘려나가야 합니다.

"이 나이에 새로 시작한다는 것이…."
"지금 처음부터 시작할 수도 없고…."
"이 나이 먹도록 이것도 못하고…."

    부모가 이런 말을 자주 하면, 미숙하고 서툰 '처음'이 나쁘다는 인식을 심어줍니다. 하지만 몇 살이든 처음 하는 것은 어렵습니다. 전문가라 하더라도 새롭게 배우는 영역에서는 미숙한 것이 당연합니다. 처음 없이 그다음은 존재하지 않습니다. 어른이 그것을 인정하면 아이는 위안을 얻습니다. 부모가 처음부터 잘하는 사람은 없다는 사실을 다시금 인식하면 모든 것이 처음인 아이를 보고 불안하거나 걱정이 되지 않습니다. 결국 원하는 곳에 도달할 수 있다는 것을 배운 아이 또한 처음을 두려워하지 않게 됩니다.

    자신의 처음이 초라한 이유는, 남의 지금과 비교하기 때문입니다. 남의 처음은 눈에 보이지 않습니다. 자신의 눈에 띌 때쯤이면 오랜 시간이 축적된 후입니다. 예전에는 남의 지금도 보기 어려웠는데, 요즘에는 타인의 대단한 성과와 성취를 매일 쉽게 목격할 수 있습니다. 아이들은 그런 모습에 더 쉽게 주눅들지요. 그래서 능숙하게 잘해내는 타인의 모습과 이제 막 시작하는 미숙한 스스로의 모습을 자주 비교하게 됩니다. 이런 시대이기에 부모와 아이 모두에게 처음부터 잘하는 사람은 없다는 응원의 메시지가 더욱 절실합니다.

처음 없이는 그다음도 없다는 것을 기억하는 것이 스스로 해낼 수 있다고 믿는 자기 효능감 키우기의 첫걸음입니다.

성장 마인드셋

· 무심코 하는 말 ·

"재능이 없나 봐."

· 들려줘야 할 말 ·

"'아직' 못 하는 거야."

아는 분도 많겠지만 요즈음 젊은 사람들이 자주 쓰는 말 하나 알려드릴까요?

"나는 재능이 없어."
"나는 능력이 없어."
"나는 똑똑하지 않아."
"이미 망했어. 이. 생. 망."

재능도 능력도 지능도 없다면서 마지막에는 '이생망'이라고 외치는 거죠. 이생망은 '이번 생은 망했다'는 뜻입니다. 아직 살 날이 창창한 젊은이들이 망했다는 말을 농담 삼아 쉽게 하는 것은 우려스러운 사회 현상입니다. 생이 망하는 게 이미 정해졌다면 앞으로 성장의 기회가 없다는 뜻입니다. 하지만 우리에게는 죽는 날까지 아직 기회가 있습니다. 지금 못 하는 게 있다면 재능이나 능력이 없어서가 아니라 아직 배우지 못했기 때문입니다.

"나는 이거 못 해."
"아직 못 하는 거지. 안 해봤으니까."
"맞아. 아직 못 하는 거야. 마음 내서 연습하면 못 하는 건 없거든."

아이와 몇 년간 이런 식의 대화를 반복적으로 나누었습니다. 그러자 이제는 제가 따로 이야기하지 않아도 아직 못 하는 게 있다는 것을 잘 압니다.

"나 아직은 줄넘기를 두 개밖에 못 해. 그런데 연습할 거야."
"나 아직은 영어를 잘 못 읽어. 그런데 공부하면 읽게 될 거야."
"나 아직은 네 자리 뺄셈은 못 해. 그런데 이제부터 배우면 돼."

'못 해'와 '아직 못 해' 사이에는 매우 큰 차이가 있습니다. 못

한다는 것은 부정적인 결말을 암시하지만, 아직 못 한다는 것은 희망적인 시작을 드러냅니다. 많은 사람이 '못' 한다고 생각하는 것들이 사실은 '안' 하는 것들입니다.

안 하는 것과 못 하는 것을 구분할 줄 알아야 합니다. 안 하는 것은 해야 할 만한 이유를 찾지 못했기 때문입니다. 의지와 동기가 부족한 것이죠. 하지만 이 또한 게으르거나 나태해서가 아닙니다. 행동을 통해 의지와 동기를 키우는 연습을 하지 않았고 습관과 환경이 잡히지 않았기 때문입니다. 그러니 못 하는 것이 아니라 안 하는 것이고, 시작만 하면 할 수 있는 일이기에 아직 못 할 뿐입니다.

뇌도 단련하고 훈련하면 더 강해진다

≈

재능이나 능력에 대해 어떤 믿음을 가지고 있나요? 태어날 때부터 재능이나 능력을 타고나야 한다고 생각하나요? 아니면 후천적으로 재능이나 능력을 키워 나갈 수 있다고 믿나요?

스탠퍼드 대학교 심리학과 캐럴 드웩Carol Dweck 교수는 성장 마인드셋Growth Mindset 개념을 제안했습니다. 이는 사람의 지능과 능력은 고정된 것이 아니라 노력과 학습을 통해 발전할 수 있다는 믿음입니다. 성장 마인드셋을 가진 사람은 실패나 어려움에 직면했을 때, 이를 극복하고 더 나아질 기회로 여깁니다. 뇌 역시 몸의 다른 근육과 마찬가지로 단련하고 훈련하면 더 강해진다고 여기는 것이죠.

반면, 고정 마인드셋Fixed Mindset을 가진 사람은 자신의 능력이 선천적으로 정해져 있다고 믿으며, 실패를 끝으로 받아들입니다.[12] 이생망이라고 입버릇처럼 이야기하는 사람들은 고정 마인드셋을 가지고 있을 확률이 큽니다.

이전 시대라면 이런 마인드셋이 삶에 큰 차이를 가져오지 않았을지도 모릅니다. 불과 100년 전만 해도 대다수 사람이 40년 이내로 살았기에 새롭게 배워야 할 것이 많지 않았습니다. 100년 전 지식이 여전히 유효하고 부모에게 물려받은 기술 몇 가지로 평생 먹고살 수 있었던 시대였죠. '성장'이라는 단어를 쓸 일도 별로 없었습니다. 새로운 배움을 장려하거나 성장을 촉진하는 사회가 아니었으니까요.

하지만 지난 수십 년간 아주 많은 것이 바뀌었습니다. 그런데도 수십만 년 동안 인류를 지배해온 DNA는 이 변화에 격렬하게 대항하고 싶어 합니다. 다행히 우리는 생물학적 본능보다 더 뛰어난 적응력을 가지고 있습니다. 성장 마인드셋은 빠르게 변화하는 시대에 부모와 아이를 지켜줄 수 있는 도구인 셈입니다.

요즈음에는 아이의 지능을 검사하기 위한 도구나 시험이 많습니다. 부모는 아이의 타고난 능력과 재능을 일찍부터 알고 싶어 하죠. 그러나 이런 유형의 검사가 유용할 수도 있겠지만 부작용이 훨씬 더 많습니다. 더구나 지능을 단일 지수로 환산하는 것에는 많은 위험이 따릅니다. 타고난 능력이 있다는 것이 미래의 어떤 것도 보장하지 않을 뿐 아니라 이를 측정하기 위한 시험조차도 오류가 많습니다. 인간의 지능은 언어적 능력, 논리적 사고, 공간적 이해, 사회적·정서적 지능 등 아주 많은 영역으로 이루어져 있습니다. 또 끊임없이 변화하기 때문에 특정 시점에 시행한 필기시험이나 표면적인 관찰만으로는 규정지을 수 없습니다.

더구나 지능 검사는 학교라는 단체 기관이 생겨난 것과 역사를 함께합니다. 공장 노동자나 대규모 기관의 구성원을 교육시키기 위해 일률적인 평가가 필요했을 때 시행하던 시험이었죠.

무엇보다 이런 시험은 부모가 아이의 능력과 재능이 언제든지 성장할 수 있다는 사실을 충분히 인지하지 못한 채 결과에만 몰두하면 역효과가 납니다. 단일화된 점수로 아이의 미래를 점칠 수 있다고 생각하는 부모들이 이런 검사를 시행하고 결과를 자의대로 해석하는 것은 무척 우려스러운 일입니다. 수많은 과학적 연구가 재능과 능력, 그리고 지능의 후천적 환경 요인에 대

해서 주장하는 것에 반하는 행동이지요.[13]

부모의 욕심을
경계해야 한다

≈

타고난 능력이나 재능은 해내고자 하는 의지와 동기 없이는 아무것도 아닙니다. 아무리 훌륭한 원석이라도 보석이 되고자 하는 마음이 없다면 돌멩이에 머무르고 마는 것이죠. 반대로, 평범한 돌도 긴 과정을 통해 눈부신 조각상이 될 수 있습니다. 나를 발전시키겠다는 의지와 동기는 스스로에 대한 믿음에서 비롯됩니다.

그런데 지능 검사 결과를 부모가 맹목적으로 믿을 경우 아이의 가능성이 오히려 제한될 우려가 있습니다. 아이의 타고난 재능이나 능력을 키워준다는 명목으로 아이를 통제하면 아이는 자신에 대한 믿음이 오히려 약화됩니다. 나아가, 우리 아이는 재능이 뛰어난데도 아직 그 능력을 제대로 발휘하지 못하고 있다고 여기거나 사회에서 인정받는 특정 직업을 가져야 한다는 그릇된 믿음을 가지고 아이를 억압할 가능성도 있습니다.

반대로, 지능이 낮기 때문에 어쩔 수 없다며 아이의 가능성을 축소하거나 낮은 지능을 메꾸겠다며 더 다그치고 몰아붙이기도 합니다. 아이의 지능을 아는 것이 고정 마인드셋을 강화시키고 성장을 저해하는 것이죠. 이렇게 통제받은 아이들은 학습 활동에 대한 내적 동기가 약화됩니다. 부모의 욕심이 배움에 대한 흥미를 잃게 만들고 자기 탐색을 통해 성장할 수 있는 기회를 박탈하는 것입니다.

'헬리콥터 부모'라는 말을 들어본 적이 있나요? 부모가 헬리콥터처럼 아이의 주변을 빙빙 돌며 통제한다는 데서 유래한 말입니다. 타이거 맘이라는 단어도 한때 유행했죠. 이는 엄격하게 자녀를 통제하고 교육시키는 아시아식 가정교육 방식을 의미합니다. 아이가 특정한 목표를 달성하도록 부모가 아이의 삶에 지나치게 관여를 하면 아이는 자율성과 자기 주도성을 잃게 됩니다.[14] 이렇게 자란 아이는 정서적으로 불안정하고, 자아 존중감이 낮으며, 학업에 대한 동기가 약하고, 스트레스와 불안감은 높을 확률이 큽니다.[15] 부모의 '다 너 잘되라고 하는 행동'이 사실은 아이의 정신 건강을 해치고 있는 것이죠.[16]

지능보다 노력을 칭찬해야 한다

≈

아이가 지능이 좋으면 성공할 것이라는 믿음은 과학적으로 증명이 되지 않았습니다. 오히려 타고난 지능이나 재능보다 노력과 과정을 칭찬했을 때 더 높은 동기와 성취도를 보인다는 연구 결과가 많습니다.[17]

노력을 칭찬받은 아이들은 더 어렵고 도전적인 문제를 선택합니다. 아무리 문제가 어려워도 노력하면 해낼 수 있다는 믿음이 있기 때문입니다. 실패를 성장의 과정이라고 보기 때문에 실패해도 포기하지 않고 실패로부터 무엇을 배웠는지 찾으려 하죠. 성과와 무관하게 인정받고 사랑받은 아이는 완벽주의를 핑계로 주춤하지 않습니다.[18] 더 어려운 것을 배우고 새로운 과제에 도전하고자 하는 의지도 강하죠.

성과나 성취가 타고난 능력 때문이라고 믿는 아이들이 오히려 도전을 회피합니다. 매번 잘해내야 한다는 압박에 부담을 느끼기 때문에 모험을 하지 않게 되는 것이죠. 잘하지 못하는 미숙한 모습을 보이는 것을 창피해하기 때문에 학습에 대한 열의도 낮은 편입니다. 이미 익숙하게 잘하는 것의 결과를 타인에게 보여주는 것에만 몰두하죠.

미국의 중학교 3학년 학생들에게 학습을 통해 뇌의 근육이 더 강해진다는 것을 가르쳤더니 동기 부여와 학습 지향적 태도가 좋아졌습니다.[19] 심지어 학생들은 더 어렵고 도전적인 교과 수업을 듣겠다고 신청하기도 했습니다. 주변 사람들이 뇌 근육도 강해질 수 있다는 믿음을 강화해주니 더 높은 성과를 이뤄낸 것이죠.

가정에서 "아직 못 해"라는 말을 쓰는 것처럼 간단한 변화만 보여도 실질적인 성과가 달라질 수 있다는 얘기입니다.[20] 아이의 성장 가능성에 대한 부모의 믿음은 아이에게 성장 촉진제 역할을 합니다. 성장을 저해하는 것은 타고난 지능이 아니라 타고난 지능에 대한 믿음입니다. 아이의 성장을 촉진하는 것은 성장의 가능성에 대한 부모의 믿음입니다.

지금의 삶이 마음에 안 드는 것이 타고난 재능이나 능력이 없어서라고 탓하고 싶을지도 모릅니다. 어렸을 때부터 대단하지 않았기 때문에 이 모양 이 꼴이 되었다고 귀인하고 싶겠죠. 하지만 아닐 겁니다. 자신에 대한 믿음이 부족해서, 실패하는 과정을 견뎌내지 못해서, 원하는 것을 위해 행동을 쌓아 나가지 못했기 때문에 목표를 이루지 못한 것입니다. 삶의 어떤 시점이든 나이가 몇 살이든 '아직' 배우지 못한 것들을 해 나갈 믿음과 힘이 부족했던 것이죠.

뼈 아프겠지만 이런 사실을 인정해야 성장하는 아이로 키울 수 있습니다. 아직 못 할 뿐이라는 것을 받아들여야 함께 성장할 수 있습니다.

과정 지향적 학습

· 무심코 하는 말 ·
"덤벙대니까 결과가 이렇지."

· 들려줘야 할 말 ·
"실패는 끝이 아니라 과정이야."

일주일 먹을거리를 잔뜩 사서 거실 테이블 위에 올려놓았습니다. 이제 이것들을 제자리로 정리해야 하는데, 그동안은 달걀이 깨질까 두려워 만져보겠다는 이야기조차 하지 않았던 아이가 초등학생 형님이 되어서 그런지 호기롭게 말했습니다.

"내가 달걀 부엌까지 들고 갈게!"

그런데 채 대답을 하기도 전에 쿵 떨어지는 소리와 함께 적막이 흘렀습니다. 아이는 속상한 표정을 지으며 울먹였습니다.

"엄마, 사고 쳐서 미안해."

"윤우야, 어떤 사람이 사고 치지?"

"새로운 일을 해보려는 사람!"

"사고를 전혀 안 치려면 어떻게 해야 할까?"

"아무것도 안 하면 돼."

"그렇지! 그러니까 사고를 쳤다는 건 새로운 일을 시도했다는 거지. 잘 못 한다는 건 끝이 아니라 이제 시작이라는 거야. 실패의 과정 없이 잘하게 되는 경우는 없거든. 깨진 달걀은 함께 닦으면 되는 거야!"

최근 아이의 실패에 대해 뭐라고 했는지 기억이 나나요?

아이들은 자주 실패합니다. 걸음마를 시작할 때 단번에 척척 발걸음을 내딛는 아이는 없습니다. 오히려 엉덩이가 깨지도록 주저앉고 넘어집니다. 학교에 가면 실패를 하지 않을까요? 줄넘기를 못 넘고 받아쓰기에서 만점을 받지 못하는 경우가 더 많죠.

아이가 상처받지 않기를 바라는 부모는 실패하지 않도록 돕고 싶습니다. 실패하고 쩔쩔매는 아이를 보면 마음이 아프고 혹시나 의기소침해질까 걱정도 되죠. 반복적인 실패가 아이의 자존감을 깎을까 염려도 되고 부모로서 잘 가르치지 못한 듯해서 속상합니다.

하지만 실패하지 않는 사람은 존재하지 않습니다. 실패 없이 성공하는 사람은 없거든요. 아이든 어른이든, 서툴든 능숙하든 사람은 언제나 실패할 수 있습니다. 실패를 긍정적으로 받아들이는 사람만이 자신의 무한한 성장의 가능성을 믿고 실패의 과정을 지속해 나갈 수 있습니다.[21]

누구나 실패에 대한 두려움을 가진다

≈

'실패에 대한 두려움'은 인류를 생존시킨 원동력이며 지극히 자연스러운 감정입니다. 실패는 편도체와 전두엽을 포함한 뇌의 보상 회로와 공포 회로에 지대한 영향을 받습니다. 그만큼 실패에 대한 두려움은 인간의 몸과 마음에 깊이 각인되어 있다는 거죠.[22] 실패는 진화론적으로 생존의 확률을 떨어뜨리고 공동체 내에서의 지위를 위협했습니다.

그렇기에 '실패'는 도전하는 사람만 경험할 수 있는 배움의 과정이라는 것을 자연스럽게 터득하기가 쉽지 않습니다. 창피함과 수치심은 인간의 기본적인 감정으로, 2세 전후로 자기 인식이 발달하면서 느껴지기 시작합니다. 발달심리학자 마이클 루

이스Michael Lewis와 진 브룩스건Jeanne Brooks-Gunn[23]이 시행한 거울 테스트를 살펴보면 2세 아이들은 거울에 비친 자신의 모습에 빨간 립스틱이나 스티커가 붙어 있는 것처럼 보이면 그것을 떼어내려고 노력하는 모습을 보인다고 합니다. '자아'에 대한 인식이 아주 어린 나이부터 형성된다는 것을 알 수 있죠. 이런 인식은 수치심이나 창피함 같은 사회적 감정을 느끼는 기초가 됩니다. 자아를 인식한다는 것은 타인에게 비추어질 자신의 모습에 대해 알기 시작한다는 것이거든요.

대체로 어린아이일수록 실패를 해도 속상해하거나 울지 않습니다. 오히려 자신의 실패를 별거 아닌 것으로 여기고 다시 시도하려 하죠. 그러다가 우려스러운 어른의 표정이나 몸짓을 읽게 되고 '나쁜 행동' 혹은 '인정받지 못하는 행동'이라는 자각이 생깁니다. 자신의 실패로 인해 일어난 주변 사람들의 부정적인 감정을 체화하게 되는 거죠.

실패해도
괜찮다는 것을 가르친다

≈

부모는 아이의 실패에 대해 창피하고 수치스러운 본능적인 마음, 아이가 더 잘했으면 하는 사회적인 기대, 뒤처지면 어쩌나 하는 감정적인 불안감, 실패로 인해 아이가 다칠까 하는 보호 본능을 느끼죠. 그래서 부모는 실패하는 아이를 빠르게 돕고 싶어 하고, 부모의 반응으로 인해 실패로 인한 불안과 스트레스가 강화된 아이는 능숙하지 않은 것은 피하려 합니다.

그래서 실패가 '괜찮다'는 것을 부모가 아이에게 적극적으로 '가르쳐야' 합니다. 인류는 이제 몇 번의 실패로 생존을 위협받지 않는 시대에 살고 있습니다. 오히려 수많은 실패를 통해 성장하는 여정을 거치지 않고서는 잠재력을 펼칠 수 없는 시대입니다. 이런 시대에 실패를 긍정적으로 받아들이는 법을 배운 아이는 자신의 잠재력을 마음껏 펼칠 성장의 날개를 달게 됩니다.

실패를 허용받은 아이들은 상대적으로 자기 효능감이 높습니다. 미국의 심리학자인 앨버트 반두라 Albert Bandura 박사[24]는 사회 인지 이론을 통해 자기 효능감이 성취감과 행복에 많은 영향을 미친다고 주장했습니다. 자기 효능감, 즉 자신의 능력에 대한 믿음이 강한 사람은 적극적으로 목표를 설정하고, 이를 달성하기 위한 행동을 하며, 실패를 극복하는 데 필요한 회복력도 높은 편입니다. 실패가 괜찮다는 것을 배운 아이는 오히려 자신을 더 믿게 되고 이런 믿음이 성장의 기반이 되어주는 거죠.

부모의 지지적인 대화와 긍정적인 피드백은 아이에게 성장할 수 있다는 믿음을 주고, 아이 스스로가 문제를 해결하고 도전하려는 태도를 키우는 데 중요한 역할을 합니다. 이는 비슷한 상황을 겪었을 때 스스로에게 들려주는 내면의 목소리가 되어 부모가 아이 옆에 있을 때뿐 아니라, 아이가 성장해서 부모의 곁에 있지 않을 때도 영향을 미치죠.

아이는 실패를 수정해 나가는 과정을 통해 원하는 것을 얻는 방법을 배우게 됩니다. 실패의 긍정적인 측면을 학습하는 거죠. 그러니 아이가 실패하지 않도록 대신 나서서 해주는 것은 실패를 통해 얻을 수 있는 학습의 기회를 빼앗는 행위입니다.

반복적으로
실패해도 놔두어야 할까

≈

물론 반복적으로 실패를 하는 아이에게 지속적으로 긍정적인 피드백을 주기는 어렵습니다. 더구나 아이도 비슷한 상황에서 실패를 반복하면 자신감이 떨어질 수 있죠. 그래서 실패가 나쁜 것이 아니고 충분히 괜찮다는 것을 알려주면서도 다음 기회에는 조금 더 발전된 결과를 경험할 수 있도록 도와야 합니다. 실패는 배움의 과정이고 이를 통해 상황과 행동을 조정해서 더 좋은 결과를 가져올 수 있음을 보여주는 거죠.

아이가 실패하는 데는 몇 가지 이유가 있습니다.

첫째, 아이가 방법을 알고 수행 능력도 있는데 경험이 부족할 수 있습니다. 일곱 살 아이가 달걀을 옮기는 것이 여기에 해당하겠죠. 달걀 열 개가 든 박스는 그렇게 무겁지 않아서 아이가 드는 데 전혀 문제가 없고 떨어뜨리면 깨진다는 것도 알고 있습니다. 다만, 깨지기 쉬운 물건을 들어본 경험이 부족해서 어떻게 해야 하는지 잘 모르는 것이죠.

아이가 다음에 또 달걀을 옮기겠다고 나서면 어떻게 해야 할까요? "지난번에도 깼잖아", "너는 아직 안 돼"와 같이 말하면 아이는 새로운 일을 했다가 실패를 하면 기회를 박탈당한다는 것을 배우게 됩니다. 실패는 과정이 아닌 끝임을 몸소 체험하는 거죠.

"지난번에는 한 손으로 들고 옮기려고 했는데, 오늘은 두 손으로 들고 부엌까지 살금살금 가볼까?"라며 지난번의 시도도 좋았지만 그 경험을 바탕으로 조심해야 할 것을 언질해준다면 경험을 거울삼아 더 발전된 행동을 할 수 있습니다.

"아빠는 깨지기 쉬운 걸 들 때는 조심조심 움직이는 게 도움이 되더라."

"엄마는 손가락을 다 써서 단단하게 달걀 박스를 잡거든. 박스를

이렇게 잡아보면 어떨까?"

이런 식으로 어떤 행동이 도움이 되는지 시범을 보여주고 알려주는 것도 좋습니다. 특정한 행동 양식을 강요하기보다는 다양한 대안을 제시하고 아이가 자신에게 맞는 방법을 찾아 나가도록 돕는 거죠. 그러면 지난번보다는 더 멀리 안전하게 들고 가고, 자신감 있게 나름의 노하우를 축적해 나갈 거예요.

둘째, 아이가 방법은 알지만 아직 수행 능력이 부족할 수 있습니다. 물건을 손으로 들고 옮길 줄 알고 달걀이 깨지기 쉽다는 것도 경험해봤지만 손의 힘이 부족해서 달걀 박스를 제대로 들기에는 역부족인 거죠. 그런 경우에는 아이가 어떤 노력을 해도 달걀을 깰 수밖에 없습니다.

그럴 때 "아직 어려서 안 돼", "달걀 박스를 옮기는 건 너한테 무리야"라고 말한다면 아이는 즉각적으로 이해가 되지 않을뿐더러 실망부터 할 거예요. 해보지도 않고 '하면 안 되는 일'이 있다는 것을 반복적으로 학습하면 무기력해집니다. 더구나 양육자가 이미 실패를 예견하고 있다는 것도 아이에게는 속상한 일입니다. 머릿속으로는 분명히 해낼 수 있다는 생각이 들어서 용기 내서 말했는데 시켜주지 않아서 기회를 빼앗긴 셈이니까요.

그럴 때는 달걀 박스를 들려고 하는 자기 주도적인 욕구를 현재의 신체 수준에 맞게 조절해줄 수 있겠죠. "엄마랑 둘이 같이 들고 가볼까? 힘을 합쳐보자!"라고 제안하며 달걀 박스를 양쪽에서 같이 들거나 "달걀을 하나씩 빼서 누가 부엌까지 안 깨뜨리고 가는지 시합을 해볼까?"라고 묻고 달걀 한 박스가 아닌 달걀 하나를 들고 가도록 유도할 수도 있습니다.

물론, 이렇게 수준을 조정해도 처음 하는 일이라면 달걀을 깰 수 있습니다. 신체 능력이 충분한데 경험이 부족해서 실수를 한다면 다양한 방식으로 경험을 축적할 수 있도록 도우면 됩니다. 중요한 것은 아이의 욕구 자체를 부정하지 않는 것입니다. 몸과 마음의 성장은 언제나 같은 속도로 진행되는 게 아니기에 현재의 능력에 맞게 도전을 조정해주세요.

세 번째는, 아이가 행동의 결과를 전혀 이해하지 못하고 있는 경우입니다. 달걀이 쉽게 깨진다는 것을 알지 못한다면 장난감과 똑같은 방법으로 달걀을 다룰 수 있습니다. 이럴 때는 달걀이 어떤 성질을 갖고 있는지 가르쳐주는 것이 먼저겠죠. "달걀보다 힘센 물건이 뭐가 있는지 한번 볼까?"라고 물어보고 다양한 물체들과 달걀을 맞부딪쳐볼 수 있습니다. 여러 강도로 달걀을 쳐보고 얼마나 세게 쳐야 깨지는지 아이와 살펴보는 거죠.

함께 요리하면서 아이에게 달걀 깨기를 맡긴다면 아이는 훨씬 쉽게 달걀의 성질을 파악할 수 있습니다. 달걀이 깨지면 아이는 부모를 쳐다보며 자신이 잘못한 것인지 살필 수 있습니다. 그때까지 다양한 경험을 통해 '깨진다'는 것이 '나쁘다'라는 것을 인지했기 때문에 재미있는 상황인지 혼나야 할 상황인지 눈치를 보는 거죠. 그럴 때 "이렇게 하면 깨지는구나", "달걀 속은 겉이랑 완전 다르네", "이렇게 깨뜨려야 맛있는 달걀부침을 먹을 수 있는 거야"라고 알려주세요. 깨뜨리는 것이 사회적으로 허용된 물체가 있다는 것을 알려주고, 깨진다고 다 실패는 아니라는 것을 아이에게 인식시켜주는 겁니다.

실패를 긍정적으로 평가하고 학습 기회로 삼아서 도움이 되는 피드백을 제공하면 어떤 연령이든 성장력을 키울 수 있습니다. 아이의 실패에 집중하거나 실패로 인해 일어날 수 있는 부정적인 상황에 불안해하기보다는, 양육자가 아이의 상황과 수준에 맞게 난이도를 조정하고 원하는 행동에 가까워지도록 교육하는 것이 중요하죠. 실패는 누구에게나 좋은 배움의 기회이자 성장의 출발점입니다.

Step 7

회복 탄력성과 책임감을 기르는 말

부모가 아무리 실패의 경험을 통해 아이가 성장하도록 이끌어도 이제 아이는 사회적 활동을 하면서 실패의 진정한 쓴맛을 알게 됩니다. 실패하면 또래 집단과 선생님에게 좋지 않은 눈길을 받을 거라는 생각을 가질 수도 있습니다. 그러면 친구 사이에서 더 잘나가는 아이로 보이기 위해 자신의 실수를 얼버무리려 하거나 아예 외면하고 없는 일 취급도 할 수 있습니다. 또 집에서와는 다르게 의도치 않게 공평하지 않거나 부당한 일을 겪어서 어찌할 바를 모르게 되기도 합니다. 이런 일이 발생한다면 아이의 감정을 자연스럽게 수용해주면서 아이 스스로가 부당한 일에 대처해 나갈 수 있는 힘을 키워주세요.

정서적 지지

· 무심코 하는 말 ·
"그건 네가 잘못했네."

· 들려줘야 할 말 ·
"엄마 아빠는 언제나 네 편이야."

아이가 학교생활에 익숙해지면서 하소연할 일도 늘었습니다. 서툰 아이들끼리 상호작용을 하다 보면 응당 일어날 법한 작은 에피소드들이 대부분이지요. 찬찬히 아이의 이야기를 들어주면서 사실 확인을 했습니다. 그런데 갑자기 아이가 소리를 지릅니다.

"엄마는 대체 누구 편이야!"

아이의 이런 하소연이 기가 막히고 서운하기도 합니다. 아직 뭐라고 하지도 않았는데 대체 어디서부터 얼마나 편을 들어주어야 직성이 풀리는지 억울하죠.

누군가를 무조건 믿고 편이 되어준다는 것은 참 어렵습니다. 또 아이를 목숨만큼 사랑해도 매번 아이의 편을 들기는 쉽지 않습니다. 늘 아이의 편이면 어떻게 아이를 훈육하고 교육할지 고민되고 버릇이 없어지는 것은 아닌가 걱정도 되죠. 어차피 성인이 되면 독립해야 하는데 매번 편을 들어주기보다 흉흉한 세상에 미리 대비시켜 주어야 한다는 불안감도 생깁니다.

하지만 아이를 훈육하고 교육해야 하기에 언제나 아이의 편이어야 합니다. 언젠가 독립을 해야 하기에 더더욱 아이의 편을 들어주어야 합니다. 건강한 독립은 단단한 안전망이 있어야 가능하며, 인간은 몇 살이든 든든한 자기 편이 있어야 날개를 활짝 펼 수 있기 때문입니다.

일단 무조건적인 사랑과 지지가 먼저다

아이가 초등학교에 들어가기 전후로 일부러 자주 해준 말이 있습니다.

"엄마 아빠는 언제나 네 편이야."

아이에 대한 무조건적인 사랑과 지지를 전하고 싶었기 때문입니다. 이제 사회의 구성원으로 홀로서기를 하는 아이에게 가장 필요한 말이라고도 생각했기 때문입니다. 갈수록 혼자 헤쳐 나가야 할 일이 많아지는데 '내 편은 아무도 없어' 하는 좌절을 느끼지 않기를 바랐습니다.

이 말을 듣고 자란 아이는 자신을 지지하는 사람이 있다는 확신을 가지게 됩니다. 아이의 행동에 화를 내서는 안 된다는 말이 아닙니다. 부모도 사람인데 화도 나고 짜증도 납니다. 마음대로 되지 않아 실망스럽고 부아가 치밀기도 하죠. 그럼에도 부모이기에 아이의 편이어야 합니다.

회복 탄력성은 스트레스, 실패와 좌절 같은 어려운 상황에 직면했을 때 다시 일어나 앞으로 나아갈 수 있는 능력을 의미합니다. 문제를 피하는 것이 아니라 문제를 똑바로 인식하고, 이를 통해 더 성장하고 강해지는 능력을 가리킵니다. 사회가 역동적으로 변하고 예측할 수 없는 일이 많아짐에 따라 회복 탄력성은 건강한 성인으로 살아가기 위한 필수 능력으로 여겨지고 있습니다. 격변하는 사회에서 오뚝이처럼 다시 일어서려면 반드시 갖추어야 하죠.

회복 탄력성은 타고나는 면도 있지만 환경과 관계 속에서 형성된다는 의견이 지배적입니다. 회복 탄력성 연구에서 가장 강조하는 것이 지지적인 가정 환경입니다.[1] 특히 부모와의 애착 관계는 아이의 회복 탄력성에 큰 영향을 미칩니다. 아이는 부모가 제공하는 정서적 지지와 이해를 기반으로 세상에 대한 신뢰를 쌓아갑니다.[2] 그렇기에 어떤 일이 있어도 아이를 응원해주는 편이 있어야 합니다.[3]

아이 이야기를 들어주는
통행료 대화하기

≈

저는 아이가 학교에 들어간 이후에 매일 '통행료 대화'를 합니다. 아이가 그날 있었던 일을 얘기해주면 제가 2,000원 내에서 이야기의 값을 매깁니다. 2,000원을 다 채워야 아이가 하고 싶은 것을 할 수 있습니다.

통행료가 왜 2,000원으로 매겨졌는지는 기억이 나지 않습니다. 가격을 안 채운다고 벌이 있거나 다 채운다고 특별한 상이 있는 것도 아닙니다. 그렇지만 2,000원을 채울 때까지 아이가 무슨 얘기를 하든 저는 무조건 아이 편입니다. 실수로 수학 문제를 틀

렸어도, 친구와 티격태격 다투었어도, 선생님께 꾸지람을 들었어도 우선 아이 편을 들어줍니다.

가격을 정하는 데 객관적인 기준은 없지만 남에게 터놓기 어렵거나 부끄러운 이야기를 할수록 가격은 올라갑니다. 아이가 통행료를 내는 동안 꼬치꼬치 캐묻거나 설명을 요구하지 않습니다. 그저 맞장구를 쳐주거나 비슷한 경험을 했던 제 얘기를 첨언할 뿐입니다.

"오늘 친구랑 게임하다가 다쳐서 속상했어."
"아우, 진짜 속상했겠다. 엄마 같았으면 눈물이 났을 거 같아. 억울하고 화도 나고. 윤우는 어떤 마음이 들었어?"
"실망스럽고 슬펐어."
"그러니까 말이야. 지금 듣는 엄마도 이렇게 열이 나는걸. 엄마는 무조건 네 편인 거 알지?"
"응, 아까는 짜증 났는데 지금은 괜찮아졌어."
"오늘 속상했던 얘기를 해주었으니까 1,800원!"

이런 대화를 통해 아이는 부모가 무조건적인 자기 편이라는 것을 알아갑니다.

Step 7. 회복 탄력성과 책임감을 기르는 말

가정은 정서적 지지와
열린 대화의 장이어야 한다

물론, 저 또한 아이의 이야기를 듣다 보면 아는 체하며 가르치거나 잔소리를 하고 싶어지는 순간이 있습니다. 왜 친구와 다투냐며 나무라거나, 몇 번이나 같은 실수를 하는 거냐고 핀잔을 주고 싶은 마음 역시 생깁니다. 하지만 긴 시간 부모와 떨어져 있다가 서로의 눈을 마주하며 나누는 첫 대화이기에 그저 아이의 편을 들어줍니다. 가르칠 것이 있다면 조금 후에 해도 늦지 않습니다.

"애가 저한테 말을 안 해요."

아이가 커갈수록 부모에게서 흔히 듣는 고민입니다. 초등학생을 둔 부모가 대화법 관련 육아책을 많이 산다는 이야기도 들었습니다. 말의 내용이 문제가 아니라 소통 자체를 안 하는 것이 점차 문제가 되고 있습니다.

여러분은 고민이나 속마음을 누구에게 털어놓나요? 아마도 자기 편이 되어주는 사람에게 이야기를 털어놓고 싶겠죠. 아무리 '너 잘돼라'라는 조언을 진심으로 해주는 사람이라고 해도 그가 자기 편이 아니라는 생각이 들면 비난이나 잔소리로 들릴 뿐입니다. 그런 사람과의 대화는 긍정적인 정서를 일으키지 않으니 피하고만 싶죠.

그런데 자기를 가장 사랑해주고 자신도 가장 사랑하는 사람인데 대화가 잘되지 않아 소통이 단절된다면 우리는 의지할 곳을 잃어버린 듯 막막해집니다. 마치 세상이 자신을 따돌리는 듯한 감정이 생기면서 고립되었다는 느낌도 들죠. 그런 생각에 절망해 주저앉은 사람은 다시 일어서기가 어렵습니다.

부모와 아이가 열린 소통을 많이 하면 아이의 회복 탄력성이 높아집니다.[4] 부모의 지지와 관심은 아이의 회복 탄력성에 긍정적인 영향을 미칩니다.[5] 이런 아이들은 추후 삶의 만족도가 높고 정서적으로 건강할 확률이 높습니다.[6]

삶에 대한 만족도는 주관적 안녕감Subjective well-being의 중요한 축입니다.[7] 여기에서 주관적 안녕감은 각 개인이 느끼는 전반적인 삶의 행복감을 일컫습니다. 삶의 만족도는 자신이 원하는 삶을 살고 있느냐에서 갈립니다. 일반적인 믿음과 다르게 이러한 만족도는 경제적인 부나 물질보다 심리적인 요소들의 영향을 더 크게 받습니다.[8] 가족 구성원 간에 서로 정서적 지지를 하고 개방적인 대화를 나누면 스트레스 상황을 이겨낼 적응 능력이 높아집니다.

회복 탄력성은 아이가 스스로 키우는 것이 아닙니다. 가정 내에서 키워지는 것이죠.[9] 부모의 따뜻한 말과 열린 마음이 아이가 세상을 살아 나가는 데 가장 필요한 둥지가 되어줍니다. 언제든 안길 수 있고 말을 들어주는 편이 있다는 것은 아이를 더 강하게 만듭니다. 세상 풍파에 담담히 맞서며 자신이 원하는 삶을 살아갈 용기를 얻게 되는 것이죠.

사회적 유연성

· 무심코 하는 말 ·
"얼마나 더 공평하게 해야 해!"

· 들려줘야 할 말 ·
"언제나 공평할 수는 없어."

아이가 초등학교에 들어가 사회생활 경험이 축적되면서 불평을 터뜨릴 때 가장 많이 하는 말이 생겼습니다.

"불공평해!"

어느 순간 친구들 사이에, 형제자매들 사이에, 심지어는 부모와 자기 사이에 일어나는 모든 일에서 공평을 들먹입니다. 아이가 이렇게 이야기하면 부모는 공격받은 느낌이 듭니다. 부모의 노력을 충분히 인정해주지 않는 것 같다는 생각이 들어서 더 화가 납니다. 부모가 어린 시절 느꼈던 불공평한 상황들이 주마등처럼 떠오르기도 합니다. 어렸을 때 부모는 당연히 불공평을 감내해야 했는데, 사소한 걸 따지고 드는 아이가 못마땅합니다. 그래서 하소연을 하거나 버럭 화를 내게 되죠.

"엄마가 공평하려고 얼마나 노력했는데!"
"원래 세상은 불공평한 거야!"

어른인 저도 '공평'이라는 개념에 우왕좌왕 휩쓸립니다. 하지만 그럴 때일수록 한 발짝 물러서서 차분히 상황을 바라보아야 합니다. 공평은 중요한 개념입니다. 너무 중요하다는 인식이 있어서 더 어렵습니다. 아이가 불공평한 상황에서 공평하기를 주장하는 것 또한 대견한 일입니다.

하지만 모두가 알다시피 삶의 모든 영역에서 매번 공평할 수는 없습니다. 어른들은 매일 불공평을 마주하며 삽니다. 부모로서 세상이 불공평하니 집에서는 무조건 공평해야 한다는 강박을 가지거나, 반대로 일찍부터 아이에게 불공평을 경험하게 해주겠다는 생각은 모두 좋은 의도가 될 수 없습니다. 둘 다 왜곡된 마음입니다.

공평과 불공평 사이에서
균형을 잡아야 한다

≈

부모가 아이에게 불공평함이 존재하지 않는 무균의 상황만 제공하려 발버둥 치는 것은 비현실적인 시도입니다. 반면 세상은 불공평하니 어쩔 수 없다는 부정적인 자세를 보이는 것은 무기력을 학습시키는 결과만 가져옵니다.

부모는 아이가 건강하게 독립하고 스스로 잘 살아 나가도록 필요한 도구들을 쥐어주는 사람입니다. 그러니 '공평'이 가지는 의미가 무엇인지 아이에게 잘 가르쳐주어야 합니다. 또 불가피하게 벌어지는 불공평함 속에서 마음을 추스르고, 상황을 이해하고, 그럼에도 나아가는 방법을 함께 탐색해야 합니다. 불공평한 상황을 객관적으로 인식하고 그 속에서 자신의 길을 찾을 때 회복 탄력성이 높아집니다.[10]

사실, 아이가 '불공평해'라고 소리치는 것은 속상하고 화가 나고 억울한 감정을 달리 표현할 방법을 찾지 못해서인 경우가 많습니다. 말로 설명하기 어렵지만 손해 보는 듯한 기분을 '불공평'이라는 멋들어진 말로 정당화하고 싶은 것이죠.

이럴 때일수록 '공평'과 '불공평'이라는 용어로 설왕설래하기보다는 아이가 왜 그런 말을 하게 되었는지 들여다보는 게 중요합니다. 친구들과의 관계에서 불공평함을 느꼈다면 소외당하거나 외로워서인지도 모릅니다. 형제자매와의 갈등으로 불공평함을 느꼈다면 부모의 애정을 더 받고 싶다는 외침일 확률이 큽니다. 부모와의 관계에서 불공평함을 느꼈다면 자신의 의견이나 욕구를 충분히 들어주지 않아서 느껴지는 답답함의 하소연일 수 있습니다.

"많이 억울하고 속상했구나. 불공평한 걸 말하는 건 대단한 용기야. 그런데 세상에는 공평하지 않은 일도 많아."

아이의 감정에 충분히 공감해주고 아이의 관점에서 풀어내는 이야기를 들어주되 공평의 개념을 잘 이해하도록 가르쳐주세요. 아이가 불공평함을 느끼는 마음을 탓하거나, 자기 생각을 말로 표현하지 못하게 막거나, 세상 모든 것이 공평할 수 있다는 그릇된 믿음을 주지 말아야 합니다.

"어떤 부분이 불공평하게 느껴졌어? 불공평하다고 느껴지면 어떻게 하는 게 좋을까?"

상황을 객관적으로 보고 유연하게 대처하도록 가르치는 것이

부모의 역할입니다. 불공평한 상황에서 감정을 조절하는 법과 적절한 대처 전략을 알려주어야 합니다.[11]

공평은 단선적인 개념이 아니다

≈

불공평한 상황에서 '불공평해'라며 화를 내는 것은 누구나 할 수 있는 일입니다. 하지만 불공평한 상황을 마주했을 때 자신에게 이로운 방식으로 행동해 나가는 것은 배워야 하는 삶의 태도이자 기술입니다.[12]

"엄마는 너 재우고 일어날 거야."
"엄마는 왜 지금 안 자? 불공평해."
"너랑 엄마는 같지 않으니까. 너는 성장을 해야 하는 어린아이니까 엄마보다 더 많은 시간을 자야 하고, 엄마는 해야 할 일이 많은 어른이니까 더 많은 시간을 깨어 있어야 해. 너한테는 지금 나이에 맞는 수면 시간이 있고, 엄마한테는 현재의 엄마한테 맞는 수면 시간이 있는 거야."
"그럼 그건 공평한 거야?"

"엄마와 너에게 필요한 게 다른 상황이니 공평한 거지."

공평이라는 개념이 단선적이지 않다는 것도 알려주세요. 공평의 종류도 여러 가지입니다. 자원이나 보상의 분배와 관련된 분배적 공평성, 결정을 내리거나 문제를 해결할 때 과정이 공정해야 한다는 절차적 공평성, 관계를 맺을 때 고르게 주고받아야 한다는 상호적 공평성, 모두에게 같은 기회가 제공되어야 한다는 기회적 공평성이 있습니다. 그리고 사람의 필요와 상황에 따라 자원의 분배나 절차가 달라질 수 있다는 필요에 따른 공평성도 존재합니다.

우리 사회는 대개 필요에 따른 공평성에 의해 작동됩니다. 아이에게 다양한 측면의 공평을 설명해주세요. 민주주의 사회가 돌아가는 이유는 공평성의 복합적인 측면을 고려하여 법과 규제를 만들기 때문입니다. 하지만 현실에서 모든 공평성이 완벽하게 지켜지는 경우는 거의 없습니다. 각자 다른 환경에서 자라 다른 상황에 있는 다양한 사람들이 모여 사는 사회에서는 절대적 공평이 적용되기 어렵기 때문입니다.

"내가 손을 들었는데 선생님이 계속 나만 발표를 안 시켜주었어. 불공평해."

어느 날 제 아이가 매달 자리가 바뀌는 교실에서 뒤쪽에 앉게 되자 선생님의 눈에 띄지 않는다며 불평을 토로했습니다.

"손 열심히 들었는데, 속상했겠다. 어떤 면에서 불공평하다고 느꼈어?"
"내가 먼저 손을 들었는데 다른 친구에게 발표를 시켰어."
"지난달에 네가 앞에 앉았을 때는 먼저 발표하기도 했어?"
"그랬겠지. 뒤에 있는 친구는 잘 안 보였어."
"그럼 그건 공평했던 걸까?"
"뒤에 있는 친구가 먼저 손을 들었다면 불공평했겠네."
"그럼 그 친구도 속상했겠다. 이런 상황에서는 어떻게 하는 게 좋을까?"

아이는 이제 막 세상을 배워가고 있습니다. 더구나 아직 타인과 사회에 대한 이해가 많이 부족합니다. 그러니 아이가 더 넓은 세상을 바라볼 수 있게 안내해주면 됩니다. 부모가 모든 상황에 맞는 답을 가르칠 수는 없지만 일관성 있게 아이의 편에서 함께 해결 방법을 모색할 수는 있습니다.

참전하는 전쟁은
신중하게 골라야 한다

≈

어떤 상황은 그저 받아들이는 것도 괜찮습니다. 또 어떤 상황에서는 적극적으로 더 공평해지는 방법을 찾을 수 있습니다. 결론이 어떻든 부모의 지지적인 태도가 아이의 회복 탄력성을 키워줍니다.[13]

Pick your battle.

참전하려는 전쟁은 내가 신중히 골라야 한다는 영어 표현입니다. 모든 전쟁에 다 참여할 수 없다는 뜻도 있습니다. 삶의 모든 영역에서 지나치게 공평에 집착하는 것은 오히려 아이의 스트레스 수준을 높이고, 좌절감과 무기력을 초래할 수 있습니다. 왜 공평해야 하는지, 이 상황에서의 공평이 정말 중요한지, 불공평이 어떤 감정을 남겼는지, 그런 감정을 느꼈을 때 어떻게 해소해야 하는지 아는 아이는 회복 탄력성이 높아집니다.

그러니 아이가 세상의 불완전함을 받아들이고, 그 속에서 자신만의 길을 찾을 수 있는 힘을 길러주세요.

문제 해결력

· 무심코 하는 말 ·

"이건 네가 해결 못 해."

· 들려줘야 할 말 ·

"어떤 문제든 해결 방법이 있어."

저희 아이는 집에서 많은 역할을 담당하고 있습니다. 그중에서도 무척 자랑스러워하는 일 하나가 저의 고민 상담사 역할입니다.

"나는 엄마 전용 고민 상담사야."

아이가 말을 하기 시작한 이후부터 저는 아이에게 '고민'을 많이 털어놨습니다. 처음에는 대개 아이의 고민을 각색한 것이었습니다. 자신의 일은 해결 방법이 잘 안 보이지만 남에게 조언을 해주는 것은 더 재미있고 쉽습니다. 그래서 아이가 스스로 문제를 해결해 나갈 수 있도록 3자의 입장에서 한 번 더 이야기를 들려준 것이지요.

하지만 요즈음에는 진짜 제 고민도 자주 이야기합니다. 인간관계의 어려움에 대해 토로하기도 하고, 새롭게 시작한 일이 얼마나 힘든지 하소연도 합니다. 풀리지 않는 문제에 대한 이야기를 하고 서로 의견을 주고받을 때도 있습니다. 아이의 문제 해결력을 키워주려고 시작했는데 어느새 저보다 더 나은 해결책을 내놓을 때도 많아졌습니다.

"네가 어떻게 해결해?"
"어차피 네가 못 해."
"그건 불가능해."

아이가 문제에 직면했을 때 어떤 반응을 보이나요? 아이라는 이유로 문제 해결의 가능성을 제한하거나 아이는 부딪혀보지도 않았는데 부모의 경험만으로 불가능하다고 단정을 짓고 있지는 않나요?

부모와 아이는
협력 관계다

≈

아이의 문제 해결력을 키워주기 위해서는 함께 문제를 해결하기 위해 노력하는 것이 중요합니다. 부모와 아이의 협업은 문제 해결력을 키워줄 뿐 아니라 관계를 강화시켜 주죠. 부모와 자주 협업을 한 아이들은 좋은 성과를 낼 뿐 아니라 감정 조절을 잘하고 도전을 두려워하지 않을 확률이 큽니다.[14]

"어떤 문제든 해결 방법이 있어."
"어떻게 해결하면 좋을까?"
"엄마와 아빠랑 같이 생각해보자!"

문제에 직면했을 때 해보기도 전에 지레 겁을 먹거나 회피하는 것은 문제를 해결해본 경험이 부족하기 때문입니다. 그래서 더 많이 생각하고 시도하도록 안내해주어야 합니다.

사실 아이들은 어떤 면에서 어른들보다 창의적입니다. 미국 항공우주국NASA에서 우주 프로그램을 위한 창의 인재를 찾기 위해 시행하는 테스트가 있습니다. 이를 5세 어린이 1,600명을 대상으로 진행했더니 놀라운 결과가 나왔습니다. 대략 98퍼센트의 아이들이 '천재적인 창의성'을 보인 것입니다.

그러나 5년 후, 이 아이들이 열 살이 되었을 때 다시 시험을 진행하니 30퍼센트만이 동일한 수준의 창의적 사고를 유지했으며, 열다섯 살이 되었을 때 진행한 시험에서는 그 비율이 12퍼센트로 떨어졌다고 합니다. 또 성인들에게 같은 테스트를 하니 겨우 2퍼센트만이 높은 창의성을 보여주었다고 합니다.[15]

물론 이 실험에 대한 비판도 많습니다. 창의성은 복합적인 축으로 이루어진 다층적인 능력이며 하나의 지표로 정확히 가늠할 수 없기 때문입니다. 어른의 창의성은 단순히 하나의 시험으로 측정이 불가한 영역이기도 하죠. 하지만 이 실험 결과는 아이들의 문제 해결력에 대해 긍정적인 시사점을 제공합니다.

"네 옷은 스스로 빨래통에 넣으면 좋겠는데, 자꾸 바닥에 두네. 어떻게 해야 네가 옷을 빨래 바구니에 넣을 수 있을까?"

아이가 옷을 갈아입고는 여기저기 바닥에 두는 것을 관찰하고 제가 문제를 제기했습니다. "대체 몇 번을 말해!", "왜 이렇게 게을러!", "이 집에서는 엄마만 일하지!" 이렇게 잔소리하며 원망하는 것으로는 아무것도 해결되지 않습니다. 이는 반쯤은 해결책은 찾을 수 없을 거라는 자포자기의 심정에서 비롯한 말이기도 합니다. 하지만 부모도 아이도 문제를 해결할 수 있다는 믿음을 가지고 논의를 해보아야 합니다.

"그런데 세탁기는 너무 멀리 있고 빨래 바구니는 내 손에 닿지도 않아."

아이는 곰곰이 생각하더니 스스로 문제를 정의합니다. 그리 넓지 않은 집에서 세탁실이 얼마나 멀길래 그것도 못 하냐며 실랑이하는 것은 의미가 없습니다. 각자 주관적인 관점에서 문제점을 정의하기 때문입니다.

아이가 보기에 거리가 문제라면 그 부분에 대해서는 딴지를 걸지 말고, 문제의 해결 방법을 함께 모색하면 됩니다.

"빨래 바구니를 내 방에 두면 어때?"
"좋은 생각이다! 그런데 여기에 두면 문을 여닫기 불편할 것 같은데."

아이가 자신의 방문 바로 뒤를 제안하자 제가 생길 수 있는 문제점을 알려주었습니다. 그리고 아이 손에 빨래 바구니를 쥐어주니 방을 돌아다니면서 어디가 제일 좋을지 고민합니다.

"우선 여기에 두고 어떤지 한번 보자."

빨래 바구니는 그 이후로도 몇 차례 위치가 바뀌었지만 결국 최적의 위치를 찾을 수 있었습니다. 물론 그다음에도 바닥에 옷을 벗어두는 일이 완전히 없어지지는 않았지만 아이는 빨래 바구니에 옷을 가져다 두려고 노력했습니다. 이런 경험을 통해 아이에게 어떤 문제든 해결해 나갈 수 있다는 경험이 쌓입니다.

문제 해결력은 '완벽한 해결책'을 찾는 것이 아니다

≈

모든 문제를 없애버리거나 다시는 문제가 생기지 않을 방법을 찾으려고 하면 어떤 문제도 해결할 수 없습니다. 오히려 문제가 해결되기는커녕 더 커지는 경우가 많습니다. 완벽한 해결책이 없기에 불안해지거나 자포자기하게 되는 것이죠.

우리는 모두 문제투성이입니다. 삶 또한 문제가 많습니다. 모든 문제가 마법처럼 해결되는 방법 또한 없습니다. 그럼에도 최선을 다해 눈앞의 문제를 해결하려 노력하고 결과에 책임을 지는 법을 가르쳐야 합니다.

아이의 창의적인 문제 해결력을 키워주기 위해서 '운이 좋게도/운이 나쁘게도' 게임을 해보기를 추천합니다.

"운이 나쁘게도 나들이를 가기로 한 날 비가 왔어."
"운이 좋게도 비가 와도 되는 실내였어."
"운이 나쁘게도 나들이 장소에 도착했더니 문을 닫았어."
"운이 좋게도 가고 싶던 식당이 근처에 있었어."

운이 나쁜 상황과 운이 좋은 상황을 교대로 이야기하면서 문제처럼 보이는 상황을 해소해보세요. 아이와 둘이 해도 좋고 여러 명이 함께해도 괜찮습니다. 이 놀이는 삶의 불확실성과 불완전함 속에서 문제를 해결하는 방법을 가르쳐줍니다.

문제 해결력은 지구를 구하는 것같이 대단한 문제를 완벽하게 해결하는 데서 생겨나지 않습니다. 별거 아닌 문제를 자기만의 방식으로 해소하며 키우는 것이죠. 아이가 일상 속 작은 문제들의 해결책을 찾도록 도와주세요.

실패 수용

· 무심코 하는 말 ·
"왜 이렇게밖에 못 했어?"

· 들려줘야 할 말 ·
"때로는 결과가 마음에 안 들 수 있어."

아이가 학교에 가면서 평가를 받는 상황이 생겼습니다. 그에 따라 평가 결과가 마음에 안 드는 일도 발생하게 되었죠. 그래서 엄마 아빠에게 알려달라고 조르거나 대신해주면 안 되냐고 보채는 일도 생겼습니다.

"엄마가 한 번만 알려주면 안 돼?"
"뭐라고 써야 할지 생각하는 건 정말 어렵지. 그런데 윤우는 독서 기록장을 왜 써?"
"내가 책 읽으면서 뭘 배웠는지 기록하려고."

"그런데 엄마가 네가 뭘 배웠는지 알려주면, 독서기록장을 쓰는 의미가 없지 않을까?"
"내가 쓰면 선생님이 하트 안 줄지도 모른단 말이야."
"물론 그럴 수도 있지. 때로는 결과가 마음에 안 들 수도 있는 거야."

결과가 마음에 안 드는 상황을 마주하느니 더 잘하는 사람이 대신해주기를 바라는 마음은 누구에게나 있을 것입니다. 원하지 않는 결과가 나올까 봐 문제를 회피하거나 시도조차 하기가 두려워지기도 합니다. 하지만 그런 마음이 드는 것과 그렇게 행동하는 것은 별개의 문제입니다. 아이가 그런 마음을 갖는 것은 자연스럽지만 그럼에도 스스로 해보고 결과를 책임지는 방법을 가르쳐야 합니다.

시행착오를 거쳐야
더 나은 결과가 나온다

≈

어른이라면 모든 일에 정답을 알 것 같지만 삶의 중요한 문제에는 대개 정답 자체가 존재하지 않습니다. 어떤 문제에 단 하나의 정답만 있다고 생각하는 것은 사실이 아닐 뿐 아니라 높은 불안을 유발합니다. 지금 자신의 인생을 사는 사람은 자기 자신 딱 한 사람뿐이기에 이전에 아무도 겪어보지 않은 문제들에 직면할 수밖에 없습니다.

이때 가장 도움이 되는 것이 시행착오입니다.[16] 그러니 어릴 때부터 삶의 다양한 문제들에서 시행착오를 겪으며 부딪혀보는 것이 좋습니다. 마음에 들지 않는 결과를 경험하고 이후 행동을 수정해 나가는 과정이 필요하기 때문입니다. 부모의 보호 아래에 있는 미성년자 시절은 이런 시행착오를 큰 부담 없이 할 수 있는 값진 시간입니다.[17]

저는 제 삶을 거대한 연구 과제라고 생각합니다. 만족스러운 삶을 살고자 하는 명제를 증명해 나가는 크고 작은 실험들의 집합이죠. 어떤 실험들은 처참하게 실패합니다. 제가 원하는 결과가 나오지 않았으니 가설을 수정하고 다시 시도합니다. 지난 실험들을 복기하면서 어떤 것이 효과적이었고 어떤 것은 그렇지 않았는지 분석합니다. 새로운 문제에 직면하면 지난 데이터를 살피면서 어떻게 하는 것이 가장 이로울지 고민합니다.

이런 과정을 겪어도 또 마음에 안 드는 결과가 나오기도 합니다. 그래도 괜찮습니다. 제 삶이라는 연구에 또 다른 유용한 데이터가 생겼을 뿐이니까요. 삶을 '잘'사는 사람은 존재하지 않는 정답을 좇는 이가 아닙니다. 삶이라는 연구의 적극적인 주체로서 중요한 문제들을 해결해 나가고 거기에 스스로 책임을 지는 사람들이죠.

아이가 크고 작은 문제에 직면했을 때도 똑같이 설명해줍니다. 문제가 생기면 다양하게 시도하고 시행착오를 겪어야 하며 누구도 결과를 정확하게 예측하지 못한다는 것을 알려주죠. 아이는 어떤 경우에는 결과가 마음에 안 들어 화가 나고 속상하기도 하다는 것을 배워갑니다.

물론, 부정적인 감정이 힘겨울 때는 늘 부모가 곁에 있다는 것을 잊지 않도록 도와주지만 저는 아이의 삶에서 주체가 아닙니다. 문제의 해결책을 모색하는 것도, 행동하는 것도, 그에 대한 책임을 지는 것도 모두 아이의 몫입니다. 부모인 저는 이런 과정에서 아이에게 무엇이 필요한지 살펴보며 발달에 맞는 습관과 태도를 길러주려고 노력할 뿐입니다. 그마저도 더 나이가 들면 손을 잡아주거나 어깨를 두드려주는 것밖에는 할 수 있는 게 없겠죠.

마음에 들지 않는 결과도 받아들인다

≈

얼마 전 아이가 학교에 가방을 가지고 가지 않은 일이 생겼습니다. 아침에 아이도 저도 서두르느라고 미처 챙기지 못한 것이지요. 학교에 거의 도착해서야 이 사실을 알게 되었습니다.

"엄마가 가방 가져다줄 수 있어?"
"아니, 엄마도 바빠서 가져다줄 수 없어."

아이가 학교에 가방을 가져가지 못하는 것은 하나의 문제일 뿐입니다. 이 문제로 아이의 삶이나 부모의 육아 방식이 정의되는 것은 아닙니다. 가방을 안 챙긴 아이를 비난하거나 가방을 대신 챙겨주지 못한 스스로를 자책하지 않고도 문제를 해결할 방법은 얼마든지 있습니다.

아이가 처음으로 시도한 문제 해결책은 대신 갖다달라는 부탁이었습니다. 제가 거절을 했으니 결과가 마음에 안 들었겠죠.

"학교에서 뭐가 필요해?"
"연필이랑 지우개."
"연필이랑 지우개가 없으면 어떻게 해야 할까?"
"선생님께 빌릴 수 있을 거 같아. 내가 선생님께 여쭤볼게."
"물통은?"
"물통은 없어도 물 마실 수 있어. 그런데 칭찬 스티커 판은 가방에 있는데…."

"칭찬 스티커 받으면 윤우가 직접 붙이는 거야?"

"응. 그럼 칭찬 스티커를 받으면 주머니에 잘 가지고 있다가 집에 와서 붙여야겠다."

"잊어버리면 속상하니 잘 가지고 있고!"

초등학생에게 하루쯤 가방이 없다고 큰일이 생기지는 않습니다. 조금 창피하고 부끄럽겠지요. 하지만 앞으로 아이가 마주해야 하는 수많은 삶의 문제들에 비하면 너무도 작은 일입니다. 직접 해결해야 하는 문제가 많이 없었던 제 아이는 이 일로 귀중한 경험을 했습니다. 제가 문제를 대신 해결해주었다면 아이가 문제를 해결하고 책임을 지는 경험을 하지 못했겠죠. 때로는 결과가 마음에 안 든다는 것도 알지 못했을 것입니다.

아이는 그날 집에 돌아와서 창피하고 부끄러웠다고 말해주었습니다. 칭찬 스티커는 주머니에 넣으려고 했지만 자꾸 빠져서 책상 서랍에 잘 두고 왔다고 덧붙였습니다. 그러고는 앞으로 가방을 잊지 않기 위해서 가방을 어디에 두어야 할지에 대해서 무척 고심했습니다.

따뜻한 상호작용으로
발판이 되어준다

≈

문제 해결력을 키우고 책임감을 높여야 한다고 아이를 외롭게 두라는 것은 아닙니다. 문제를 해결해가는 과정을 함께하며 아이가 서서히 문제를 해결하고 책임을 질 수 있도록 도와야 한다는 것이죠.

구소련의 인지심리학자 레프 비고츠키Lev S. Vygotsky가 제시한 스캐폴딩Scaffolding은 아이에게 적절한 도움과 안내를 제공해서 학습을 촉진하는 교육법입니다.[18] 새로운 행동이나 개념을 직접 보여주고, 언어적·비언어적으로 참여할 수 있게 돕고, 아이의 말을 들으며 사고를 확장하고, 신체적·심리적 지지를 해주고, 다양한 대안과 선택을 제공하고, 점차 아이가 스스로 해낼 수 있도록 독립을 시켜주는 일련의 과정을 가리킵니다. 영어 단어 '스캐폴드scaffold'는 건설, 건축 등 산업현장에서 높은 곳의 작업을 위해 임시로 설치하는 비계라는 시설물을 뜻합니다. 교육의 관점에서는 양육자나 교육자가 아직 홀로서기가 어려운 아이에게 임시로 발판이 되어주는 것을 말하죠.

즉 아이에게 해결책을 직접 알려주는 대신 스스로 해결책을 찾아갈 수 있도록 발달에 맞는 적절한 도움을 주는 것입니다.[19]

효과적인 스캐폴딩의 근간은 따뜻한 상호작용입니다. 함께 문제를 해결하려는 마음을 기반으로 방법을 모색하는 것이죠.[20]

    중요한 것은, 아이의 발달 수준에 따라 서서히 더 많은 책임을 지도록 도와야 한다는 것입니다. 양육자로서 도움을 주면서도 문제 해결의 영역이나 책임감을 점차 늘려 홀로서기를 할 수 있도록 하는 것이죠.[21]

    우리 아이들은 살면서 다양한 문제를 마주하게 될 것입니다. 여러 시행착오를 겪으며 이 문제들을 해결해 나가겠죠. 때로는 결과가 마음에 들기도 하겠지만 마음에 들지 않는 경우가 더 많을 수 있습니다. 그럼에도 결과에 책임을 지며 앞으로 나아갈 수는 있습니다. 우리는 아이 뒤에 서서 멈추지 않고 나아갈 수 있도록 힘을 보태줄 수 있을 뿐입니다.

Step 8

자기조절력과 의사결정 능력을 키우는 말

학교생활을 하며 훌쩍 성장한 아이는 자신의 생각과 행동을 돌아볼 수 있는 능력을 가지게 됩니다. 계획한 대로 행동하고 그로 인해 목표를 이루는 성취감을 만끽할 수 있게 되죠. 부모는 아이의 보호자이면서 아이가 독립적이고 자립적인 인격체로 만족스러운 삶을 살기를 원하는 한 팀의 팀원입니다. 아이와 협력하며 문제를 해결하고 공동의 목표를 향해 함께 발맞추어 걸어주세요. 아이에게 단순히 답을 알려주는 것이 아니라 아이가 스스로 질문하고, 반성하고, 성찰하고, 배울 수 있도록 기틀을 다져주세요. 자기 생각과 행동을 객관적으로 바라보고 조절하는 능력은 더 나은 결정을 내리는 데 필수적입니다. 아이는 부모와의 열린 대화를 통해 스스로 질문하고 다양한 대안을 탐색해 나갈 수 있는 능력을 갖추게 됩니다.

협력적 문제 해결력

· 무심코 하는 말 ·
"엄마 아빠가 상의해볼게."

· 들려줘야 할 말 ·
"가족회의를 해볼까?"

우리 집은 가족회의가 자주 열립니다. '회의'라고 하지만 별거 없습니다. 다같이 대화하고 규칙을 정하는 것뿐입니다. 가족에게 새로운 규칙이 필요하거나 서로 상의해야 할 일이 있으면 누구든 '가족회의를 하자'고 제안할 수 있습니다.

"이건 가족회의를 해야 할 주제야! 가족회의를 열어서 이야기하자!"

회의를 하는 동안에는 자유롭게 토의하고 토론합니다. 규칙에 합의를 이끌어내기 위해서 필요한 공부도 함께합니다. 회의가 끝나면 다같이 안아주며 따뜻하게 마무리합니다. 규칙이 정해지면 크게 써서 잘 보이는 곳에 붙여 두고 최선을 다해 지키려고 노력합니다.

잘 지켜지지 않을 때는 왜 그런지 원인을 찾아보고 어떻게 환경을 바꾸어야 원활하게 지킬 수 있을지에 대해서도 추가적인 회의를 합니다.

- 윤우의 주말 게임 시간에 관한 건
- 윤우가 보는 유튜브 채널의 언어 수위에 관한 건
- 아빠의 건강을 위한 야식 금지에 관한 건
- 엄마의 주말 강의를 위한 집안일 역할 재분배에 관한 건
- 8시 이후 온 가족의 디지털 기기 금지에 관한 건

지금까지 아이와 함께 회의한 몇 가지 주제들입니다.

이렇게 적고 보니 심각한 사안들 같지만 평소 하는 대화와 별반 다르지는 않습니다. 하지만 가족회의를 통해 우리 가족은 서로 '적'이 아니라는 것을 명확하게 정의합니다. 게임을 하는 아이는 적이 아닙니다. 아이가 게임을 조절하며 하기를 바라는 부모도 아이의 적이 아닙니다. 부모와 아이는 공동의 목표를 가지고

있는 한 팀입니다. 아이가 더 만족스럽고 행복한 삶을 살기를 바라는 것이죠. 남편이나 저의 나쁜 습관들이나 예기치 않게 생기는 상황들도 마찬가지입니다. 우리 가족의 적은 가족의 공동 목표를 저해하는 장애물들입니다. 그 장애물들을 슬기롭게 헤쳐나가기 위해서는 온 가족이 똘똘 뭉쳐 방법을 찾아내야 합니다. 그래서 함께 회의를 하는 것이죠.

가족회의는 자기조절력과 협력 능력을 키우는 기회다

≈

정기적인 가족회의는 아이가 자신의 의견을 표현하고, 문제를 논의하며, 감정을 조절하는 기술을 배울 수 있는 좋은 기회입니다. 가족회의에서 아이는 스스로 목표를 설정하고, 의견을 나누는 과정을 통해 자기조절력과 협력 능력을 향상시킬 수 있습니다. 가족회의에서 감정을 나누거나, 규칙을 논의하고, 문제를 해결하는 활동을 통해 자연스럽게 자기조절을 연습할 수 있습니다.

자기조절력은 자신의 생각, 감정, 행동을 의식적으로 조절하고 통제하는 능력을 의미합니다. 목표를 달성하고, 사회적인 규범에 맞추기 위해 충동을 억제하고, 행동을 조정하는 것을 포함합니다. 자기조절은 스트레스가 많은 상황에서 중요한 역할을 하며, 목표를 위한 행동을 할 수 있도록 돕습니다.[1]

가족회의에는 자기조절력을 키우는 다양한 요소가 함께 버무려져 있습니다. 명확한 규칙을 만들고, 이를 수행하기 위해 환경을 조정하고, 실수하거나 규칙을 어기면 생기는 결과를 책임지면서 자기조절력을 키워가게 되죠. 그 규칙을 통해 아이는 행동과 결과의 연관성을 배우고 자기 행동을 조절하는 방법을 연습하게 됩니다. 부모가 회의에 함께하면서 자기조절력이 삶에 미치는 긍정적인 영향을 직접 보여줄 기회도 제공합니다.

아이에게 어떤 것을 가르치려고 하든 함께해야 합니다. 부모는 전혀 변화하려고 하지 않으면서 아이에게 말로만 하는 교육은 아무 효과가 없습니다. 아이들은 결국 말이 아닌 주변 어른의 행동을 모방합니다.

자기조절력은 정서적으로 안정된 환경에서 발달합니다. 아이가 자신 외의 환경에서 신경 쓸 게 많다면 정작 중요한 것을 조절하지 못하게 됩니다. 그래서 가족회의와 같은 가족의 루틴과 의식Ritual은 아이의 자기조절력을 키우는 데 도움이 됩니다.[2] 가족이 모두 함께 반복적으로 가족 활동을 하면 부모는 양육에 대한 자신감이 높아지고, 아이들의 사회 적응력이 높아질 뿐 아니

라, 부부 사이의 만족도도 올라갑니다.³

훈련과 습관을 통해
인지적 자원의 고갈을 늦출 수 있다

≈

게임을 덜하거나, 일찍 일어나거나, 독서를 하거나, 방을 치우는 등의 생활습관에 대한 '약속'을 했는데 아이가 잘 지키지 않는다는 하소연을 많이 듣습니다.

"아이가 그러겠다고 약속했는데도 안 지켜요."

아이가 오늘까지도 게임을 스스로 끄지 못해서 부모랑 갈등을 빚었는데 내일부터 하지 않기로 '약속'을 하는 것은 공허한 메아리일 뿐입니다. 어른인 저도 마찬가지입니다. 어젯밤 12시까지 야식을 먹으면서 '내일부터는 건강하게 먹어야지' 다짐하는 것은 실패를 부르는 덫입니다. 약속은 지킬 수 있는 능력이 있는 사람에게만 의미가 있기 때문입니다. 자기조절력은 하루아침에 완성되는 것이 아니라는 점을 기억해야 합니다.

팔굽혀펴기를 몇 개나 할 수 있나요? 운동을 전혀 안 했다면

'나는 죽었다 깨어나도 하나도 못 해'라고 생각할 수도 있습니다. 이 경우 하루아침에 내가 원하는 만큼 하는 방법은 없습니다. 하지만 꾸준히 운동하면 무조건 오늘보다는 나아집니다. 한편 하루 종일 강도 높은 신체 활동을 한 날에는 몸이 어떤가요? 피곤해서 손가락 하나 까딱하기 싫겠죠. 근육이 피곤한 날은 더 이상 움직일 힘이 없습니다.

심리학자들은 오랫동안 자기조절력을 근육에 비유했습니다.[4] 근육 운동을 꾸준히 하면 결국 팔굽혀 펴기를 할 수 있게 되는 것, 그러나 무리해서 근육을 하루 종일 쓰면 몸을 움직이지 못하게 되는 것과 자기조절력이 비슷하다는 것이죠. 초콜릿을 먹지 않고 참거나 지루한 수업을 끝까지 듣는 것과 같이 자기조절력이 필요한 과제가 주어졌을 때 초반에는 잘 참다가도 회차가 거듭될수록 포기하는 비율이 올라갑니다. 어떤 연구에서는 교통 범칙금을 부과하는 재판장들이 오전과 점심 직후 더 많은 사람에게 가석방 판결을 내렸다는 데이터를 보여주었습니다.[5] 가석방 판결을 내리려면 생각을 많이 해야 합니다. 반복된 의사결정으로 피로감을 느끼면 더 쉽고 안전한 선택인 가석방 불허를 결정하게 되죠.

오전과 점심 직후에 복잡한 의사결정을 내릴 수 있는 것은 충분한 휴식을 취했기 때문입니다. 피로해지면 근육을 움직이기 어려운 것과 마찬가지죠. 매일 쓰는 오른손 대신 왼손을 쓰는 것과 같은 작은 행동을 꾸준히 하는 것만으로도 자기조절력이 올라간다는 연구도 있습니다.[6] '인지적 의사결정'을 내릴 수 있는 '인지적 자원'은 한정되어 있어 지치기도 하지만 훈련과 습관을 통해 인지적 자원의 고갈을 늦출 수 있습니다.[7]

비난으로 키워지는 긍정적 특성은 없다

≈

아이를 비난하거나 감정에 호소하는 것은 자기조절력을 키워 주지 않습니다.

"하루 종일 게임만 하고 대체 뭐가 되려고 그러는 거야!"
"엄마 속상하게 게임만 할 거야?"

한 번의 충격 요법이나 비난으로 아이가 마법처럼 자기조절을 잘하게 되지 않습니다. 그러니 아주 작은 것부터 스스로 규칙을 만들고 지켜 나가는 습관을 키워야 합니다.

그러기 위해서는 아이가 스스로 자신의 규칙을 만들 수 있도록 도와야 합니다. 아이가 지켜야 하는 규칙을 만드는 가족회의를 할 때는 아이를 동등한 주체로 존중하는 것이 중요합니다. 아이이기 때문에 부모가 규칙을 전부 정해주어야 한다는 생각은 버려야 합니다.

최근 가족회의를 통해 통과된 안건은 아이를 스마트폰 경찰로 임명하는 것이었습니다. 저녁 8시가 되면 아이가 저와 남편의 스마트폰을 거두어 현관 앞 가방에 넣습니다. 늦은 저녁 시간에는 스마트폰을 만질 수 없는 것이죠.

이는 그전에 있었던 사건으로 생긴 규칙입니다. 어느 날 TV를 꺼야 하는 시간 이후에 아이가 몰래 제 스마트폰을 가져가서는 유튜브를 봤습니다. 저한테 걸린 아이는 당연히 혼날 것이라고 생각해 잔뜩 어깨를 움츠리고 있었지만 저는 아이에게 사과부터 했습니다. 몇 시부터는 스마트폰을 보면 안 된다는 규칙은 없었고, 지켜보는 사람도 없으니 스마트폰으로 재미있는 영상을 보고 싶다는 것은 어른도 참기 힘든 유혹이기 때문입니다.

그래서 가족회의를 했습니다. 스마트폰이 아직 없는 아이는 엄마 아빠가 밤에 스마트폰을 보는 게 불편하다고 했습니다. 자기도 보고 싶어진다는 것이죠. 저와 남편도 스마트폰이 옆에 있으면 보지 않는 것은 매우 어려운 일이라고 결론을 내렸습니다. 물론 그전에도 업무나 물건을 사는 등의 필수적인 일이 아니면 가족이 함께하는 시간에 재미로 스마트폰을 오래 보는 일은 거의 없었습니다. 하지만 아이가 유혹에 더 취약해지는 나이가 되었기 때문에 더 강한 규칙이 필요했죠. 더구나 몇 년 후 아이는 자신의 기기를 갖게 될 것입니다. 그제서야 부랴부랴 아이만을 위한 규칙을 만들어보았자 실행력이 약할 거라 판단했죠. 그래서 8시 이후에는 아이가 스마트폰 경찰이 되어 엄마 아빠의 스마트폰을 수거하게 되었습니다.

훈육의 대상이 되는 절대적 규범과 논의 후 규칙을 만들어가야 하는 상대적 규범들에는 차이가 있습니다. 자기조절력을 키우려면 둘의 차이를 명확히 해야 합니다.

우리 집의 절대적 규칙은 두 가지 정도입니다.

첫째, 나와 타인에게 신체적·정서적 위해를 가해서는 안 된다.
둘째, 거짓말을 해서는 안 된다.

나머지는 아이가 참여하는 가족회의에서 조정이 가능한 규칙들입니다. 아이가 성장하면서 상황과 환경이 달라짐에 따라 변화가 생길 수도 있죠. 가정마다 절대적인 규칙은 다를 것입니다. 하지만 그 구분을 명확히 해야 아이가 자기조절력을 키워갈 발판을 마련할 수 있습니다.

결정과 책임 의식

· 무심코 하는 말 ·
"그렇게 하면 결과가 뻔해."

· 들려줘야 할 말 ·
"그걸 선택하면 어떻게 될까?"

추운 날 옷을 얇게 입으면 어떻게 될까요? 추워서 덜덜 떨고 감기에 걸릴 확률이 큽니다. 밤에 늦게 자면 어떨까요? 다음 날 아침에 일어나기 힘들고 하루 종일 피곤할 수 있겠죠. 단 음식을 과하게 먹으면 이가 썩을 수 있고 공부를 안 하면 시험 성적은 떨어집니다. 써놓고 보니 당연한 인과 관계이지만 살면서는 자주 잊게 됩니다. 그러고는 내가 한 행동과 무관한 결과를 바라거나 제대로 된 행동은 하지 않고 결과가 마음에 안 든다며 푸념을 하죠.

"이렇게 선택하면 어떻게 될까?"

아이와 선택에 따른 결과에 대해 자주 이야기를 나눕니다. 일종의 상상 놀이입니다. 아이의 선택과 결정들이 반드시 어떤 결과로 이어진다는 것을 알려주고자 함이죠. 저의 과거 선택들에 대해서도 자주 이야기합니다. 미국에서 박사과정을 하다가 한국에 들어와서 아빠를 만나 결혼한 이야기, 아빠랑 결혼해서 윤우를 낳은 이야기, 그다음에 인스타그램을 시작한 이야기 등 저의 행적에 대해 파고들다 보면 그때 한 선택에 따라 지금 이 결과가 생겼고 만약 다른 선택을 했다면 결과가 달라질 수도 있다는 것을 짐작할 수 있기 때문입니다.

왜 내일부터 달라질 거라는 약속을 쉽게 할까

≈

인과 관계의 이해란 '원인'과 '결과'를 명확하게 연결하는 능력입니다. 행동과 결과의 인과 관계를 아는 것은 자기조절의 핵심 요소입니다. 욕구나 충동을 잘 억제하려면, 자신의 행동이 어떤 결과를 초래할지 예상하고 그에 맞는 선택을 할 수 있어야 합니다.

추운 날 얇은 옷을 입고 추위에 떨어본 아이는 이후에 그 선택을 또다시 할 확률이 적어집니다. 자신의 선택에 의한 결과를 예측할 수 있게 되면 이로운 방향으로 행동하는 것이 수월해지죠.

이스라엘 출신의 미국 인지심리학자로 노벨 경제학상을 수상한 대니얼 카너먼Daniel Kahneman과 자주 협업을 했던 아모스 트버스키Amos Tversky는 인간은 계획 오류Planning Fallacy에 쉽게 빠진다고 주장했습니다.[8] 이는 자기 능력을 과대평가하고 과제를 수행하며 발생할 수 있는 어려움을 객관적으로 인지하지 못하는 것이죠.[9] 그래서 우리는 내일부터는 달라질 거라는 약속을 쉽게 하게 됩니다.

인간이 이렇게 생각하게 되는 이유는 여러 가지가 있지만, 가장 큰 이유는 목표를 달성하기까지의 복잡한 과정에 대한 인지가 잘 안 되기 때문입니다. 즉 선택과 결정, 그에 따른 행동이 어떤 결과로 이어지는지 객관적으로 인식하지 못하는 것입니다. 현재는 목표에 대한 의지가 강하지만 시간이 흐르면서 그 의지가 희석되는 것에 대한 이해도 부족합니다. SNS나 친구들과의 만남 등 목표로부터 멀어지게 하는 현실의 유혹들을 외면하며 미래의 나는 지금의 나와 완전히 달라질 거라고 그저 믿고 싶은 것이죠.

계획 오류를 자주 범하면 스스로를 원망하게 됩니다. 호기롭게 계획을 세우고 약속을 하지만 결국은 지켜내지 못한 자신에게 실망하게 되는 것이죠. 그렇기에 선택과 결정에 따른 결과를 자주 생각하고 시뮬레이션을 하는 것이 좋습니다. 인과 관계에 대해서 더 명확하게 이해하면 계획 오류에 빠질 확률이 적어집니다.[10]

물론, 인과 관계를 안다고 해서 자기조절이 저절로 이루어지지는 않습니다. 예를 들어, 밤늦게 자면 피곤하다는 것을 알면서 늦게 자는 경우도 있습니다. 하지만 밤늦게 자면 피곤하다는 것을 명확하게 인지하면서 의식적으로 밤늦게 자기를 선택하는 것과 '내일은 안 피곤할걸'이라는 생각으로 반복적인 오류에 빠지는 것은 다릅니다.

원하는 삶이 있다면
거기에 맞는 선택을 해야 한다

≈

우리는 하루에도 수많은 선택을 내립니다. 그런 선택과 행동 중에 의식적으로 생각하고 하는 것이 몇 가지나 있을까요? 삶은 선택과 행동의 집합입니다. 그렇기에 내가 원하는 삶이 있다면

거기에 이르는 선택과 행동을 해야만 합니다. 이런 의식적인 선택은 연습이 필요합니다.[11]

'결정 장애'라며 선택을 미루는 것은 이런 연습이 부족하기 때문입니다. 내가 선택을 내리지 않으면 타인이나 상황에 의해 내려진 선택을 수동적으로 받아들일 수밖에 없습니다.

인과 관계에 대한 생각을 자주 하면 오히려 의사결정 과정이 단순해집니다. 내가 원하는 것을 명확하게 알면 어떻게 행동해야 할지 답이 선명해지기 때문이죠.[12] 인과 관계의 정보를 잘 이해하면 올바른 결정을 내릴 수 있고 후회도 줄어듭니다.[13]

자기조절과 만족을 지연할 수 있는 능력이 미래의 성공과 성취를 예측할 수 있다는 주장을 오랫동안 뒷받침해온 실험이 있습니다.[14] 바로 그 유명한 '마시멜로 실험'입니다. 아이들에게 마시멜로를 하나 주면서 눈앞의 마시멜로를 먹지 않고 참으면 두 개를 준다고 약속합니다. 연구자들은 눈앞에 있는 마시멜로를 먹지 않고 나중에 두 개를 받은 아이가 미래에 성공한다고 주장했죠.

하지만 이 실험은 이후 이어진 후속 실험들에 의해 마시멜로를 참는 것이 아이에게만 달린 게 아니라는 것이 밝혀졌습니다. 이후 연구자들은 지연된 만족을 위한 자기조절 능력이 부모의 사회·경제적 지위와 강한 상관관계가 있다는 것을 밝혀냈습니다.[15]

실험에 참가한 아이들의 부모는 대개 대학원생들이거나 대학에서 일하는 사람들의 자녀들이었습니다. 이런 부모를 둔 아이들은 눈앞의 유혹을 참으면 더 큰 보상을 받는 경험을 축적하며 성장했을 확률이 큽니다. 하지만 신뢰할 수 없는 환경에 노출되었거나 보상이 불확실하다고 느끼면 아이는 당장 눈앞에 보이는 보상을 채택할 가능성이 올라가죠.[16] 개인의 능력이 아닌 안정적인 환경이 자기조절력에 더 큰 영향을 미친다는 방증입니다.[17]

자기조절력은 단순히 눈앞의 유혹을 참는 것으로 측정할 수 없습니다.[18] 맛있는 음식을 잘 참는다고 해서 학업 능력이 뛰어난 것도 아닙니다. 또 자기조절력은 성격의 고정적인 특성이라기보다는 성장 가능성이 있는 기술입니다.[19] 최근 연구들은 아이들의 지연된 만족은 보상이 실제로 이루어질 것이라는 '사회적 신뢰'에 영향을 받는다고 주장합니다. 보상을 주겠다는 어른의 말을 신뢰하는 아이들이 더 오래 기다리는 경향을 보였고, 사회적 신뢰가 부족한 환경에서 자란 아이들은 즉각적인 보상을 선택할 가능성이 높았다는 것입니다.[20]

가족 구성원이 내리는 선택에 대한 결과가 어떨지 함께 탐색하고 서로 좋은 선택을 내릴 수 있는 문화를 만들어가야 하는 이유입니다. 자신이 의식적으로 내리는 선택이 긍정적인 보상으로 이어진다는 믿음을 갖게 해주는 것이 중요합니다.

자기반성

· 무심코 하는 말 ·
"그렇게 복잡하게 생각할 거 없어."

· 들려줘야 할 말 ·
"왜 그렇게 생각했어?"

미국에서 유학하던 시절 가장 놀랐던 게 학생들의 질문과 받아주는 교수들의 태도였습니다. 미국에서 살다 온 경험은 있지만 대부분의 정규 교육은 한국 학교에서 받은 제가 보기에는 황당한 상황들이 많았습니다. '박사과정을 하는 사람이 저런 질문을 하면서 저렇게 당당하다고?' 하는 생각마저 들었죠.

"왜 그렇게 생각했지?"

황당한 질문을 받은 교수들은 생각의 이면을 꼭 물었습니다.

놀랍게도 유치한 첫 질문이 멋진 논의로 이어지는 경우가 많았습니다. 그 질문을 계기로 서로 어떤 생각을 하는지 자유롭게 대화하는 것을 보면서 '이래서 박사과정을 하는 거구나' 하고 감탄했죠. 생각을 자유롭게 표현하는 문화에서는 더 멋진 생각이 탄생한다는 것을 알게 되었습니다.

메타인지는 인지에 대한 인지다

≈

감정도 생각도 자연스러운 반응입니다. 감정과 생각 그 자체는 나라는 사람을 정의하거나 내 삶을 조종하지 않습니다. 중요한 것은 감정을 조절하고 생각을 정리하여 '표현하는 것'이죠.[21] 화를 느낀다고 분노로 인생을 망치지 않고, 부지런해져야겠다고 생각한다고 부지런해지지 않습니다. 생각과 감정을 자신에게 이로운 방향으로 활용하는 것이 자신이 원하는 삶을 사는 열쇠입니다. 그러기 위해서는 메타인지 능력이 중요합니다.[22]

메타인지는 인지에 대한 인지입니다.[23] 내가 어떻게 생각하고 있는지 인지하고 자신의 사고, 학습 방법, 문제 해결 방식 등을 인식하는 능력입니다. 또 자신의 사고나 행동을 계획하고, 모니

터링하며, 필요할 때 수정하는 것을 포함합니다.

　메타인지는 크게 두 가지로 나뉩니다.[24] 메타인지적 지식과 메타인지적 조절입니다.

　메타인지적 지식은 사고, 학습 방법, 문제 해결 방식 등을 인식하는 능력입니다. 예를 들어, '나는 수학 문제를 풀 때 시간이 오래 걸리지만, 국어 문제는 더 쉽게 풀어'라는 생각이 이에 해당합니다. 메타인지적 조절은 자신의 사고나 행동을 계획하고, 모니터링하며, 필요할 때 수정하는 능력입니다. 예를 들어, 수학 문제를 풀다가 잘못된 방향으로 가고 있다는 것을 알아차리고 방향을 바꾸는 것이죠. 이런 능력을 키우기 위해서는 자신의 생각을 정리하고 표현하는 연습을 해야 합니다. 왜 그런 생각을 했는지 알지 못하는 사람은 그 생각을 활용해 의사결정을 내리지 못합니다. 그래서 아이가 어떤 생각을 하고 있는지 왜 그런 생각을 하는지 자주 물어야 합니다.

　제 아이는 학교에 가고 난 이후에 집단과 기관, 그리고 권위에 대한 질문이 많아졌습니다. 어른들은 당연하게 여기는 규칙에 의문을 갖기도 하고 자신을 불편하게 하는 상황에 불평을 토로하기도 합니다.

"불평불만 늘어놓지 말고 그냥 하라는 대로 해."

"어디서 말대답이야."
"버릇없게 굴지 말고 말 들어."

아이가 생각을 표현했을 때 이런 말을 하면 아이의 메타인지를 키울 수 없습니다. 불편한 상황에 대한 자기 생각을 정리하고 표현하지 못하면 생각을 정교화하지 못하기 때문입니다.

질문은
아이의 사고를 자극한다

≈

아이가 생각을 더 확장해갈 수 있도록 질문을 해주세요. 질문 중심의 대화 방식은 아이가 스스로의 사고 과정을 점검하고 정리할 기회를 제공하기 때문에 메타인지 발달에 효과적입니다. 자신의 생각을 깊이 들여다보고, 문제 해결 방식이나 학습 과정을 자각하고 조정할 수 있는 능력을 키우는 데 도움이 됩니다. 질문은 아이의 사고를 자극하고, 생각을 재구성하도록 돕습니다.

"왜 선생님이 그런 규칙을 만들었을까?"
"그 규칙은 누구를 위한 것일까?"

"왜 그런 규칙이 필요할까?"

"너라면 그런 상황에서 어떻게 했을까?"

질문은 생각의 근거를 탐구하고, 다른 관점에서 그 생각을 다시 바라볼 기회를 제공합니다. 질문에 당장 대답을 하지 못해도 괜찮습니다. 질문을 받는 것 자체가 사고 과정을 활성화합니다.[25] 다양한 관점을 생각해보는 것은 사고를 확장하는 촉매제가 되어줍니다.[26]

겉으로 드러난 현상의 이면을 알고 거기에 대한 생각을 정립하는 것은 메타인지를 키우는 데 매우 중요합니다. 자신의 생각을 자유롭고 안전하게 표현할 수 있는 환경을 제공해주세요. 아이가 규칙이나 권위와 상호작용하는 것은 사회적 규범을 이해하고 자신의 위치를 찾는 과정입니다. 이런 과정을 통해 스스로 상황을 분석하고, 비판적으로 생각하며, 결정을 내리는 능력을 갖추게 됩니다. 규칙을 이해하고 스스로 의미를 찾을 수 있도록 지원하는 환경이 메타인지를 키우는 핵심입니다.

메타인지

· 무심코 하는 말 ·
"절대 포기하지 마!"

· 들려줘야 할 말 ·
"그만두는 것은 큰 용기야."

저는 10년 이상 대학원을 다녔습니다. 대학원을 다니는 동안 연구가 업이었고 평생 그럴 거라고 생각했습니다. 30대 중반까지 대학원에서 연구만 했고 꽤 잘하기도 했습니다. 그랬던 제가 부모가 되면서 인스타그램을 시작했고 삶의 방향을 바꾸었습니다. 그럼 저는 공부를 포기한 사람일까요? 아니면 제가 원하는 새 삶을 찾아 나선 개척자일까요?

"끝까지 해내는 게 아무것도 없어요."
"게으르고 끈기가 없어요."

이렇게 스스로를 '포기하는 사람'이라고 자책하는 분들을 많이 봤습니다. 그런 분들은 대체로 아이에 대해서도 걱정을 많이 합니다.

"뭐든 금방 그만두고 싶어 해요."
"너무 쉽게 싫증 내고 포기해요."

'포기는 나쁜 것'이라는 인식이 머릿속 깊숙이 각인되어 있는 것이겠죠.

잘 그만두는 방법을 가르쳐야 한다

≈

포기가 습관이 될까 봐 걱정되는 마음은 이해가 갑니다. 하지만 그렇기에 더더욱 아이에게 잘 그만두는 방법을 가르쳐주어야 합니다. 사람은 살면서 수많은 일을 그만두어야 합니다. 이제 처음 시작한 일을 죽는 날까지 하는 것은 불가능에 가깝습니다. 그러니 자신에게 이롭지 않은 것은 주도적으로 그만두고, 나에게 이로운 것을 주도적으로 해 나가야 합니다. 그렇지 않으면 정작 중요한 것을 놓칠 수도 있습니다.

'포기'의 개념에 대해서 생각해본 적이 있나요? 어떤 것이든 그만두기만 하면 끈기가 없어 포기를 한 것일까요? 우리 아이들은 100년 이상을 살 것입니다. 하나의 학위나 직업으로 평생을 먹고사는 시대는 이미 끝났습니다. 어떤 것을 그만둘 때 무조건 '포기'라고 정의하면 만족스러운 삶을 살기 어렵습니다. 상황이나 환경은 급변하는데 그저 10년 전에 시작했기 때문에 계속해야 한다고 믿는 사람은 불행할 뿐 아니라 더 이상 발전하기 어렵습니다.

끈기만큼 중요한 것이 잘 그만두는 것입니다. 무엇인가 그만두었기 때문에 다른 것을 얻게 됩니다. 결국 인생은 기회비용을 감수하는 여정이며 모든 것을 다 갖는 완벽한 선택은 없습니다. 잃는 것보다 얻는 것이 더 큰 결정을 해 나갈 뿐이죠.

수동적인 포기는 어려워서 도망치는 것입니다. 이런 포기가 잦다면 자신감이나 자기 효능감, 자존감 등을 잘 살펴보아야 합니다. '포기하는 사람'이 아니라 자신을 믿지 못하고 존중하지 못하는 사람일 확률이 큽니다.[27] 어려움을 극복하여 성취감을 느낀 경험도 적거나 외부의 인정이나 비판에 대한 두려움이 큰 사람일 것입니다. 이런 사람이라면 배움을 쌓아가며 진정한 재미를 느껴야 합니다.

반면에, 적극적인 진로의 변경은 상황을 분석한 후 더 나은 대안이나 자신에게 맞는 방향을 선택하는 것을 의미합니다. 도망이 아닌 새로운 길의 개척인 셈이죠.

경영학 용어 중에 '피벗Pivot'이라는 단어가 있습니다. 발을 축으로 놓고 방향을 튼다는 농구 용어에서 비롯된 말로 전략, 정책 방향 등의 급격한 변환을 의미합니다. 대기업들은 피벗을 잘하지 않았습니다. 자금이 넉넉한데다 국가사업을 중심으로 성장한 경우가 많기 때문에 하나의 산업을 지배하고, 또 다른 계열사를 만드는 식으로 기업의 세를 늘려갑니다. 또 한국의 대기업들이 자리 잡을 때의 경제 상황은 지금과 많이 달랐습니다. 산업의 변화가 훨씬 느리고 경쟁자도 적었죠. 하지만 최근에 생긴 소규모 스타트업들의 환경은 다릅니다. 자원은 한정되어 있고 외부 기관으로부터 투자받은 돈으로 최대의 매출을 내야 하기에 최적의 길을 찾기 위해 다양한 방향을 모색하며 피벗을 잘하는 것이 그 회사의 생존력을 결정합니다. 특히 환경이 급변할수록 피벗을 잘해야 합니다.

아이의 삶도 이와 다르지 않습니다. 자신에게 진정으로 맞는 길을 찾기 위해서 잘 그만두면서 피벗을 할 수 있도록 격려해주어야 합니다.

인생은 장기전이다

≈

　미국에 시몬 바일스Simone Biles라는 체조 선수가 있습니다. 이 선수는 2020년 도쿄 올림픽을 앞두고 기권을 했습니다. 이미 올림픽에서 금메달을 네 개나 땄지만 아직도 전성기 기량을 유지했기 때문에 세간의 실망감은 무척 컸습니다. 하지만 그녀는 불안정한 심리 상태 때문에 경기에 나설 수 없다고 선언했습니다. 이 올림픽 영웅은 '포기하는 사람'이라는 비난을 받아야 했습니다. 완전히 은퇴했다고 생각하는 사람들도 많았습니다.

　그랬던 그녀가 2024년 파리 올림픽 때 돌아와 멋지게 경기를 해내고 메달을 땄습니다. 이후 인터뷰에서 바일스는 2020년 올림픽 때 기권을 한 것이 그녀에게는 값진 승리였다고 회고했습니다. 체조를 시작한 이후 처음으로 다른 사람들보다 자신을 더 우선한 결정이었다는 것이었습니다.

　그녀는 겁이 나서 포기한 게 아니라 자신을 지키는 길로 가기 위해 잠시 경로를 이탈했습니다. 그 덕분에 무엇보다 소중한 몸과 마음의 건강을 지켜냈습니다. 그 어떤 성취나 성과도 자기 자신이 없으면 무의미하니까요.

　'번아웃'은 세계보건기구WHO가 국제질병분류ICD 기준에 올린 임상증후군입니다. 과도한 스트레스로 인해 신체와 정신이 소진되는 '번아웃'은 우울증만큼이나 자살 위험이 큽니다. 한 연구에 의하면 번아웃만으로도 자살을 생각할 위험이 77퍼센트나 높았다고 합니다.

너무 많은 것을 하려다가 정작 중요한 것들을 강제로 그만두어야 하는 일이 생기는 경우를 종종 봅니다. 자신의 건강이나 사랑하는 사람들과의 관계를 잃으면서도 그만두지 못해 전전긍긍하거나 무기력해지는 사람들도 많아지고 있습니다.

인생은 장기전입니다. 아이가 '이 정도면 할 만큼 했다, 이제 방향을 바꾸어봐야지' 하는 지점을 알 수 있도록 도와야 합니다. 이 시점을 아는 것도 많은 시행착오가 필요합니다. 자신의 삶에서 원하는 게 무엇인지 명확히 알고 진정 소중한 가치들을 지키는 사람으로 키워야 하죠.

잘 그만두려면 경계를 잘 세워야 한다

≈

대학원에 처음 입학했을 때 저는 연구가 적성에 잘 맞을 거라고 생각했습니다. 하지만 수년간 그 길을 가보니 내일이 기대되지 않았습니다. 지금까지 해왔다는 이유로 계속하기에는 제 미래가 너무 소중했습니다. 오늘의 힘든 싸움을 하는 이유는 내일의 희망이 있기 때문이죠. 그런데 그런 희망이 없다면 오늘 계속할 이유가 없습니다.

　이런 이유로 사회 초년생 시절에 회사도 1년 만에 그만두었습니다. 회사에서의 10년 후를 생각해도 제가 원하는 삶을 살 거라는 희망이 없었기 때문입니다. 40년 넘게 살며 저는 수많은 일을 그만두었습니다. 하지만 후회가 가득한 포기는 거의 없습니다. 두렵거나 무서워서 도망친 게 아니라 치열하게 고민하고 길을 바꾸었기 때문입니다.

　길을 바꾸었다고 해서 이전에 쌓아올린 시간이 버려지는 것은 아닙니다. 적극적으로 길을 바꾸었다면 이전 길에서 배운 모든 것이 도움이 됩니다. 그 길이 나에게 맞지 않다는 것을 배운 것만으로도 큰 깨달음입니다.

　제가 명문대를 나와서 학자나 교수의 길을 가지 않았을 때 가장 아쉬워한 사람들은 저희 부모님이나 남편이 아닙니다. 제가 왜 그만두는지 깊이 있게 이해하지 못하고 겉으로 드러난 성취를 버리는 것이 아깝다고 생각한 외부인들뿐이죠.

　그래서 잘 그만두려면 나의 바운더리Boundary, 즉 개인적 경계를 잘 세워야 합니다. 자기 자신을 보호하고 타인과의 관계에서 건강한 거리를 유지하는 것이죠. 경계를 설정하는 것은 자신을 존중하는 행위입니다. 바운더리를 잘 세우면 타인의 비판이나 요구에 휘둘리지 않고 자신만의 기준을 지킬 수 있습니다.

자신의 선택과 결정을 두고 왈가왈부하는 외부 비난으로부터 스스로를 보호해야 할 사람은 자기 자신입니다. 그 힘은 '나'라는 존재 자체를 소중하게 여기는 데서 나옵니다.

에필로그

삶을 충만하게 채우는 것,
행복할 능력

누군가 저에게 아이가 행복하기를 바라서 좋은 말을 많이 해주는 거냐고 물은 적이 있습니다. 물론 저는 제 아이가 행복하기를 바랍니다. 하지만 행복하기만을 바라지는 않습니다. 행복하기만 한 사람은 존재하지 않을뿐더러 그렇게 믿고 있다면 감정을 억압하고 있는 것이기 때문입니다. 아이가 인간이 느낄 수 있는 다양한 감정을 느끼며 삶이 제공하는 모든 경험을 자유롭게 누리기를 바랍니다. 그런 자유로운 삶 속에서 자신이 행복한 때를 알고 대체로 만족감을 느끼는 어른으로 성장했으면 합니다.

세상에는 다양한 목표와 목적이 있지만 인간은 결국 행복하기 위해 삽니다. 온갖 육아법을 공부하며 고군분투 육아를 해내는 것 또한 아이가 행복하기를 바라기 때문입니다. 요즈음에는 '행복'이 거창한 것이라 여겨지기도 합니다. 남의 성과나 성취, 부와 지위를 쉽게 관찰할 수 있는 세상에서 행복을 남들 눈에 증명해야 하는 결과로 생각하기 때문이겠죠.

행복은 거창한 결과가 아니다

≈

심리학적으로 행복은 '주관적 안녕감Subjective well-being'으로 정의합니다. 스스로 잘 지내는지 느끼는 정도가 곧 행복입니다. 주관적 안녕감은 삶에 대한 만족감과 더불어 긍정적인 감정을 더 느끼고 부정적인 감정을 덜 느끼는 것으로 이루어집니다.[1] 즉 자신의 삶에 만족하면서 대체로 긍정적인 감정을 느끼고 있다면 행복한 것입니다.

"너는 언제 가장 행복해?"
"주말에 엄마랑 아빠랑 놀 때!"

아이에게 언제 행복한지 자주 묻습니다. 일상에서 행복한 순간을 잘 포착하기를 바라기 때문이죠. 지금 아이의 인생에 가장 큰 행복이 저와 남편이 옆에서 존재해주는 것이라는 게 참 감사합니다. 그럴 날이 얼마 남지 않은 것 같아서 벌써부터 아쉽기도 합니다. 몇 해만 지나면 아이의 가장 큰 행복은 저희와 함께하는 시간이 아니겠죠. 하지만 저희가 역할을 잘했다면 스스로의 행복을 찾아가며 살 것이라고 믿습니다.

생각해보면 행복은 허무하리만치 별거 없습니다. 자기 삶에 만족하며 사는 데 필요한 준비물은 자기의 마음뿐이니까요.

가족의 일상적 행복 수준을 높이는 활동을 만들어야 한다

≈

우리 집에는 가족의 일상적 행복 수준을 높이는 여러 가지 활동이 있습니다. 아이에게도 어른에게도 삶은 녹록지 않습니다. 매일 일을 하며 돈을 버는 것도, 매일 학교에 가서 공부를 하는 것도 쉬운 일이 아닙니다. 그럼에도 행복하려면 일상에서 행복의 장치들을 많이 만들어야 합니다.

에필로그

한 달 파티, 금요춤, 아침 국민체조, 통행료 대화, 주간 가족 퀴즈, 아빠와의 주말 비디오 게임, 평일 저녁 보드게임, 부모와의 자기 전 꽁냥꽁냥

한 달 파티는 아이가 학교에 들어가고 나서 매월 말에 온 가족이 외식을 하는 것입니다. '파티'라고 거창한 건 아닙니다. 사랑하는 사람들과 동일한 주제를 놓고 축하하며 맛있는 음식을 먹으면 그게 파티죠.

금요춤이나 아침 국민체조도 마찬가지입니다. 매주 금요일 학교가 끝나고 나서 아이와 춤을 춥니다. 노래를 틀거나 스텝을 밟는 게 아닙니다. 집에 들어오기 전에 몇십 초 정도 신나게 방방 뛰는 것이죠. 아침에는 일어나서 신나게 국민체조를 하며 하루를 시작합니다.

또 주간 가족 퀴즈에서는 매주 바뀌는 출제자가 자신에 대한 문제를 냅니다. '윤우의 가장 친한 친구 열 명의 이름 대기' 같은 문제를 내면 그다음 주에 나머지 둘이 열심히 푸는 것이죠.

자기 전 꽁냥꽁냥에서는 잠자리에 들기 전에 그날 가장 행복했던 것, 속상했던 것 등 감정에 대해서 주로 얘기합니다. 아이의 정의에 따르면 사랑하는 사람이 서로 안고 따뜻한 이야기를 하는 것이 '꽁냥꽁냥'입니다.

이런 일상들이 곧 행복입니다. 대단한 사건이 있거나 외부의 인정을 받아야만 행복한 게 아니라는 것을 가르쳐주는 것이 중요합니다.

'뿌리 깊은 가족주의'

저희 부모님의 가족 신념입니다. 저는 20대까지도 여름, 겨울에 꼭 가족 여행을 갔습니다. 부모님이 편의점 야간 알바와 중국집 웨이트리스를 하며 박사과정 공부를 할 때도 차를 타고 10시간씩 운전해서 여행을 다녔습니다. 고등학교 3학년 때도 수능을 두 달 남겨두고 가족 여행을 갔습니다. 그렇게 매년 2회씩 간 가족 여행에서 울고 웃고 싸우고 사랑하며 단단한 뿌리를 둔 어른으로 성장했습니다.

마흔 살이 넘는 지금까지도 가족들이 다 모여 제 생일을 축하해줍니다. 어려서는 온 동네 친구들을 초대해서 아빠가 사회를 보고 부모님이 한 음식을 나누어 먹었습니다. 지금은 남편이 미역국을 끓여주고 아이와 함께 초를 불고 엄마, 아빠, 남동생과 함께 신나게 노래를 부릅니다. 제가 태어난 날이 중요한 날이라는 것을 매년 가슴에 새기고 삽니다. 이런 일상의 작은 시간이 모여 행복한 삶이 되는 것입니다.

행복은 이루는 것이 아니라 깨닫는 것이다

≈

'쾌락의 쳇바퀴 Hedonic Treadmill'는 긍정적인 경험이나 물질적 성취로 인해 일시적으로 행복감을 느끼지만, 시간이 지나면 원래의 행복 수준으로 돌아가는 현상을 설명하는 심리학 개념입니다. 외부 성취로 인해 잠시 행복감을 느낄 수는 있지만 그런 것들로 인해 장기적으로 행복해지지는 않는다는 것입니다.

아이를 보며 '이것만 이루면 더 행복해질 텐데'라고 바란 적이 있다면 가만히 자신의 삶을 돌아보세요. 생각했던 것보다 많은 것을 이루며 살아왔을 거예요. 그리고 그 순간마다 '이것만 이루면 더 행복해질 텐데'라고 생각했을 것입니다. 그런데 그 이후 자신의 행복 수준이 눈에 띄게 올라갔는지 살펴보세요. 아마도 그러지 못했을 것입니다. 특정 성취나 성과 이후 다시 하락한 행복 수준을 보며 또다시 더 뛰어난 성취나 성과를 이루어야 한다고 생각했을지도 모릅니다.

진정 행복하기 위해서는 일상이 행복해야 합니다. 일상이 행복하려면 행복한 시간을 늘리면 됩니다. 지금의 괴로움과 불행을 미래의 행복으로 바꾸는 방법은 없습니다. 어떤 것으로 바꾸든 결국 현재의 행복 수준으로 돌아올 것이기 때문이죠.[2] 오늘 불행해도 내일은, 내년에는, 10년 후에는 행복할 거라고 생각하는 것은 착각입니다. 행복은 이루는 것이 아니고 깨닫고 느끼는 것이기 때문이죠.

행복은 뛸 듯이 신나거나 흥분되는 상태가 아닙니다. 오히려 단조롭고 단순한 일상에서 느껴지는 만족스러운 감정에 가깝습니다. 무엇보다 행복은 자신이 정하는 것입니다. 다른 사람들 눈에 어떻게 보이든 자신이 원하는 행복을 추구하면 됩니다.

행복의 척도는
자기 안에 있어야 한다

≈

부모로서 우리가 할 수 있는 일은 아이가 내면의 행복 리트머스를 잘 사용할 수 있게 돕는 것입니다.

"아이가 행복하기를 바라죠."

신생아를 안고 있는 부모라면 대체로 이렇게 대답합니다. 하지만 아이의 행복과 부모의 행복이 겹치면서 혼란스러워집니다. 아이가 행복하기를 바란다고 말하지만, 부모가 생각했을 때 아이가 행복할 거라고 생각하는 결정들을 내리게 되죠. 부모가 원하는 행동을 했을 때의 아이를 보며 부모가 행복을 느끼는 경우도 많습니다. 그러고는 그게 아이의 행복이라고 믿습니다.

그런데 아무리 부모가 행복해도 아이가 불행하다면 주객이 전도된 것입니다. 아이가 행복하기를 바라서 지금 불행하도록 두는 것은 아이가 행복해지는 길이 아닙니다. 그러니 아이가 언제 행복한지 물었을 때 아이의 말을 믿어주어야 합니다. 그런 행복을 더 많이 찾고 느낄 수 있게 도와야 합니다. 행복은 타인이 정해줄 수가 없기 때문입니다.

"그럼 잘 못 살 게 뻔한데 그냥 내버려두나요? 부모가 다 저 잘되라고 하는 거죠."

잘 못 살 거라는 부모의 믿음은 아이에게 적용이 되지 않습니다. 부모의 결론은 부모가 살아온 지난 경험에 의해 내린 것입니다. 아이의 삶과는 별개죠. 아이의 행복을 미리 재단하고 정하고 결정해주는 것은 부모의 역할이 아닙니다. 아이는 스스로 생각하고 결정하고 선택하는 독립적인 인격체입니다.

결국 아이는 스스로의 삶을 살 것입니다. 그 삶에서 주관적으로 느끼는 안녕감이 행복입니다. 그런데 자신이 언제 행복한지

조차 모르는 어른이 되면 불행 속에서 우왕좌왕하게 되겠죠. 그래서 스스로의 행복을 찾아 나가며 일상의 행복을 느끼도록 키워야 합니다. 언제 행복한지를 알고 그 행복을 지키기 위해 최선을 다해 살도록 돕는 것이 우리의 역할입니다.

"이것만 해내면 행복해질 거야."

목표를 성취하거나 원하는 바를 이루기 위해서는 그전에 불행하고 괴로워야 한다고 믿는 사람들도 있습니다. 남들이 인정할 만한 성과를 내면 행복해질 것이라고 믿는 것이죠. 하지만 목표를 성취하기 위해서 스트레스를 받는 것과 불행하고 괴로운 것은 다릅니다. 소중한 삶을 잘 살아내기 위해 원하는 목표를 이루어가는 과정은 지루하고, 재미없고, 괴로울 때도 있지만 만족감을 줍니다. 그러니 행복은 반드시 고통 뒤에 온다는 것을 가르치지 말아야 합니다. 그러다 보면 아이는 언제 고통에서 벗어나야 하는지를 모르고 고통을 견디는 것만이 행복에 이르는 길이라는 왜곡된 믿음을 갖게 됩니다.

하버드 대학교에서 1938년부터 약 80년 동안 진행한 행복 연구에 의하면 인생에서 유의미한 관계를 잘 맺어온 사람들의 행복감이 더 컸다고 합니다.[3] 좋은 인간관계, 특히 가족, 친구, 공동체 내에서의 연결이 강할수록 행복과 건강이 더 나아졌습니다. 반면 외로움은 개인의 건강과 정신적 안녕에 부정적인 영향을 미치며, 조기 사망의 주요 요인 중 하나로 작용할 수 있음이 밝혀졌습니다. 행복하기 위해 추구하는 성과나 성취가 아닌 사회적 유대가 중요한 행복의 지표라는 것입니다. 그러니 아이가 행복 수준을 올릴 수 있도록 아이와 따뜻한 관계를 맺어주세요. 행복을 아는 아이로 키워주세요.

참고 문헌

Step 1

1. Khaleque, A., & Rohner, R. P. (2002). Perceived parental acceptance-rejection and psychological adjustment: A meta-analysis of cross-cultural and intracultural studies. *Journal of Marriage and Family*, 64(1), 54–64.
2. Rohner, R. P., & Britner, P. A. (2002). Worldwide mental health correlates of parental acceptance-rejection: Review of cross-cultural and intracultural evidence. *Cross-Cultural Research*, 36(1), 16–47.
3. Bowlby, J. (1969). *Attachment and loss: Vol. 1. Attachment*. Basic Books.
4. Ainsworth, M. D. S., Blehar, M. C., Waters, E., & Wall, S. N. (2015). *Patterns of attachment: A psychological study of the strange situation.* Psychology Press.
5. Sroufe, L. A., Egeland, B., Carlson, E., & Collins, W. A. (2005). Placing early attachment experiences in developmental context. In K. E. Grossmann, K. Grossmann, & E. Waters (Eds.), *Attachment from infancy to adulthood: The major longitudinal studies* (pp. 48–70). Guilford Press.
6. Hoff, E. (2006). How social contexts support and shape language development. *Developmental Review*, 26(1), 55–88.
7. Emmons, R. A., & McCullough, M. E. (2003). Counting blessings versus burdens: An experimental investigation of gratitude and subjective well-being in daily life. *Journal of Personality and Social Psychology*, 84(2), 377–389.
8. Hatfield, E., Cacioppo, J. T., & Rapson, R. L. (1994). *Emotional contagion.* Cambridge University Press.
9. Provine, R. R. (1992). Contagious laughter: Laughter is a sufficient stimulus for laughs and smiles. *Bulletin of the Psychonomic Society*, 30(1), 1–4.
10. Emmons, R. A., & McCullough, M. E. (2003). Counting blessings versus burdens: An experimental investigation of gratitude and subjective well-being in daily life. *Journal of Personality and Social Psychology*, 84(2), 377–389.
11. Algoe, S. B., Haidt, J., & Gable, S. L. (2008). Beyond reciprocity: Gratitude and relationships in everyday life. *Emotion*, 8(3), 425–429.
12. Zak, P. J. (2011). The physiology of moral sentiments. *Journal of Economic Behavior & Organization*, 77(1), 53–65.

Step 2

1. Frodl, T., & O'Keane, V. (2013). How does the brain deal with cumulative stress? A review with focus on developmental stress, HPA axis function and hippocampal structure in humans. *Neurobiology of Disease*, 52, 24–37.
2. Gilbert, P., Clarke, M., Hempel, S., Miles, J. N., & Irons, C. (2004). Criticizing and reassuring oneself: An exploration of forms, styles and reasons in female students. *British Journal of Clinical Psychology*, 43(1), 31–50.
3. Neff, K. D. (2003). Self-compassion: An alternative conceptualization of a healthy attitude toward oneself. *Self and Identity*, 2(2), 85–101.
4. Trimble, M. (2014). *Why humans like to cry: Tragedy, evolution, and the brain*. Oxford University Press.
5. Ostwald, P. (1972). The sounds of infancy. *Developmental Medicine & Child Neurology*, 14(3), 350–361.
6. Simons, G., Bruder, M., Van der Löwe, I., & Parkinson, B. (2013). Why try (not) to cry: Intra- and inter-personal motives for crying regulation. *Frontiers in Psychology*, 3, 597.
7. Hesdorffer, D. C., Vingerhoets, A. J. J. M., & Trimble, M. R. (2017). Social and psychological consequences of not crying: Possible associations with psychopathology and therapeutic relevance. *CNS Spectrums*, 23, 1–9.
8. Markus, H. R., & Kitayama, S. (1991). Cultural variation in the self-concept. D. Matsumoto (Ed.), *The self: Interdisciplinary approaches* (pp. 18–48). Springer.
9. Tsai, J. L., & Levenson, R. W. (1997). Cultural influences on emotional responding: Chinese American and European American dating couples during interpersonal conflict. *Journal of Cross-Cultural Psychology*, 28(5), 600–625.
10. John, O. P., & Gross, J. J. (2004). Healthy and unhealthy emotion regulation: Personality processes, individual differences, and life span development. *Journal of Personality*, 72(6), 1301–1334.
11. Ho, D. Y. F. (1976). On the concept of face. *American Journal of Sociology*, 81(4), 867–884.
12. Gross, J. J., & John, O. P. (2003). Individual differences in two emotion

regulation processes: Implications for affect, relationships, and well-being. *Journal of Personality and Social Psychology*, 85(2), 348.

13 Levenson, R. W., & Gottman, J. M. (1983). Marital interaction: Physiological linkage and affective exchange. *Journal of Personality and Social Psychology*, 45(3), 587.

14 Gross, J. J., & Levenson, R. W. (1997). Hiding feelings: The acute effects of inhibiting negative and positive emotion. *Journal of Abnormal Psychology*, 106(1), 95.

15 Levenson, R. W. (1999). The intrapersonal functions of emotion. *Cognition & Emotion*, 13(5), 481–504.

16 Sell, A., Tooby, J., & Cosmides, L. (2009). Formidability and the logic of human anger. *Proceedings of the National Academy of Sciences*, 106(35), 15073–15078.

17 Averill, J. R. (1983). Studies on anger and aggression: Implications for theories of emotion. *American Psychologist*, 38(11), 1145.

18 Arnsten, A. F. T. (2009). Stress signaling pathways that impair prefrontal cortex structure and function. *Nature Reviews Neuroscience*, 10(6), 410–422.

19 Vohs, K. D., & Baumeister, R. F. (Eds.). (2016). *Handbook of self-regulation: Research, theory, and applications*. Guilford Publications.

20 Goleman, D. (2009). *Emotional intelligence: why it can matter more than IQ*. Bloomsbury.

21 Lieberman, M. D., Eisenberger, N. I., Crockett, M. J., Tom, S. M., Pfeifer, J. H., & Way, B. M. (2007). Putting feelings into words: Affect labeling disrupts amygdala activity in response to affective stimuli. *Psychological Science*, 18(5), 421–428.

22 Romer, D. (2010). Adolescent risk taking, impulsivity, and brain development: Implications for prevention. *Developmental Psychobiology*, 52(3), 263–276.

23 MacLaughlin, S. S. (2017, August 11). Helping young children with sharing. Retrieved from https://www.zerotothree.org/resources/1964-helping-young-children-with-sharing

24 Healthy Families British Columbia. (2017). *Toddler's first steps: A best change guide to parenting your 6-to-36-month-old child*. Retrieved from http://

www.health.gov.bc.ca/library/publications/year/2017/ToddlersFirstSteps-Sept2017.pdf

25　Feinberg, M. E. (2003). The internal structure and ecological context of coparenting: A framework for research and intervention. *Parenting: Science and Practice*, 3(2), 95–131.

26　Teubert, D., & Pinquart, M. (2010). The association between coparenting and child adjustment: A meta-analysis. *Parenting: Science and Practice*, 10(4), 286–307.

27　Piaget, J. (1952). *The origins of intelligence in children.* International University.

28　Piaget, J. (2013). *The moral judgment of the child.* Routledge.

29　Piaget, J. (1977). *The development of thought: Equilibration of cognitive structures. (Trans A. Rosin).* Viking Press.

30　Piaget, J. (1960). *The child's conception of the world.* Littlefield, Adams.

31　Wright, C. A., Pasek, J., Lee, J. Y., Masters, A. S., Golinkoff, R. M., Thomsen, B. S., & Hirsh-Pasek, K. (2023). US parents' attitudes toward playful learning. *Frontiers in Developmental Psychology*, 1,1267169.

32　Schneider, M., Falkenberg, I., & Berger, P. (2022). Parent-child play and the emergence of externalizing and internalizing behavior problems in childhood: A systematic review. *Frontiers in Psychology*, 13, 822394.

Step 3

1　Qin, S., Cho, S., Chen, T., Rosenberg-Lee, M., Geary, D. C., & Menon, V. (2014). Hippocampal-neocortical functional reorganization underlies children's cognitive development. *Nature neuroscience,* 17(9), 1263–1269.

2　Turkileri, N., & Sakaki, M. (2017). Neural mechanisms underlying the effects of emotional arousal on memory. *Memory in a Social Context: Brain, Mind, and Society*, 43–55.

3　Izard, C. E. (1992). Basic emotions, relations among emotions, and emotion-cognition relations. *Psychological Review*, 99(3), 561–565.

4　Izard, C. E. (2009). Emotion theory and research: Highlights, unanswered questions, and emerging issues. *Annual Review of Psychology*, 60(1), 1–25.

5   Organisation for Economic Co-operation and Development (OECD). (n.d.). *Future of education and skills 2030*. Retrieved from https://www.oecd.org/en/about/projects/future-of-education-and-skills-2030.html
6   Denham, S. A. (1998). *Emotional development in young children*. Guilford Press.
7   Steiner, C. (2003). *Emotional literacy: Intelligence with a heart*. Personhood Press.
8   Bailes, L. G., Ennis, G., Lempres, S. M., Cole, D. A., & Humphreys, K. L. (2023). Parents' emotion socialization behaviors in response to preschool-aged children's justified and unjustified negative emotions. *PLOS ONE*, 18(4).
9   Breaux, R., Lewis, J., Cash, A. R., Shroff, D. M., Burkhouse, K. L., & Kujawa, A. (2022). Parent emotion socialization and positive emotions in child and adolescent clinical samples: A systematic review and call to action. *Clinical Child and Family Psychology Review*, 25(1), 204–221.
10 Knobloch, L. K., & Metts, S. (2013). Emotion in relationships. In J. A. Simpson & L. Campbell (Eds.), *The Oxford Handbook of Close Relationships* (pp. 514–534). Oxford University Press.
11 Aguilera, M., Ahufinger, N., Esteve-Gibert, N., Ferinu, L., Andreu, L., & Sanz-Torrent, M. (2021). Vocabulary abilities and parents' emotional regulation predict emotional regulation in school-age children but not adolescents with and without developmental language disorder. *Frontiers in Psychology*, 12, 748283.
12 Zitzmann, J., Rombold-George, L., Rosenbach, C., & Renneberg, B. (2024). Emotion regulation, parenting, and psychopathology: A systematic review. *Clinical Child and Family Psychology Review*, 27(1), 1–22.
13 Murray, D. W., Rosanbalm, K., & Christopoulos, C. (2016). *Self-regulation and toxic stress report 3: A comprehensive review of self-regulation interventions from birth through young adulthood*. FPG Child Development Institute.
14 Gottman, J. M. (2001). Meta-emotion, children's emotional intelligence, and buffering children from marital conflict. *Emotion, social relationships, and health*. 23-40.
15 Perry, N. B., Dollar, J. M., Calkins, S. D., Keane, S. P., & Shanahan, L. (2020). Maternal socialization of child emotion and adolescent adjustment:

Indirect effects through emotion regulation. *Developmental Psychology*, 56(3), 541.

16. Rempel, J. K., Holmes, J. G., & Zanna, M. P. (1985). Trust in close relationships. *Journal of Personality and Social Psychology*, 49(1), 95.
17. Gottman, J. M., & DeClaire, J. (2017). *The relationship cure: A 5-step guide to strengthening your marriage, family, and friendships*. Harmony.
18. Soenens, B., Vansteenkiste, M., & Luyten, P. (2010). Toward a domain-specific approach to the study of parental psychological control: Distinguishing between dependency-oriented and achievement-oriented psychological control. *Journal of Personality*, 78(1), 217–256.
19. Kennedy, B. (2022). *Good inside: A guide to becoming the parent you want to be*. Harper Collins.
20. Mazzone, A., & Camodeca, M. (2019). Bullying and moral disengagement in early adolescence: Do personality and family functioning matter? *Journal of Child and Family Studies*, 28, 2120–2130.
21. Impett, E. A., Kogan, A., English, T., John, O., Oveis, C., Gordon, A. M., & Keltner, D. (2012). Suppression sours sacrifice: Emotional and relational costs of suppressing emotions in romantic relationships. *Personality and Social Psychology Bulletin*, 38(6), 707–720.
22. Smith, C. E., Anderson, D., & Straussberger, A. (2018). Say you're sorry: Children distinguish between willingly given and coerced expressions of remorse. *Merrill-Palmer Quarterly*, 64(2), 275-308.
23. Hofstede, G. (1984). Cultural dimensions in management and planning. *Asia Pacific Journal of Management*, 1, 81–99.
24. Triandis, H. C., Bontempo, R., Villareal, M. J., Asai, M., & Lucca, N. (1988). Individualism and collectivism: Cross-cultural perspectives on self-ingroup relationships. *Journal of Personality and Social Psychology*, 54(2), 323.
25. Lee, D. H., & Choi, H. S. (2024). The transition of South Korea's economic growth drivers: From labor-intensive to knowledge-intensive industries. *Law and Economy*, 3(6), 9–22.
26. Chang, C. S., & Chang, N. J. (1994). *The Korean management system: Cultural, political, economic foundations*. Bloomsbury.
27. Kim, H., & Markus, H. R. (1999). Deviance or uniqueness, harmony or

conformity? A cultural analysis. *Journal of Personality and Social Psychology*, 77(4), 785.
28. Nisbett, R. E., Peng, K., Choi, I., & Norenzayan, A. (2001). Culture and systems of thought: Holistic versus analytic cognition. *Psychological Review*, 108(2), 291.
29. Florida, R. L. (2012). *The rise of the creative class, revisted*. Basic Books.
30. Baron-Cohen, S., Leslie, A. M., & Frith, U. (1985). Does the autistic child have a "theory of mind"? *Cognition*, 21(1), 37–46.
31. Perner, J., Leekam, S. R., & Wimmer, H. (1987). Three-year-olds' difficulty with false belief: The case for a conceptual deficit. *British Journal of Developmental Psychology*, 5(2), 125–137.

Step 4

1. Neff, K. D., & Vonk, R. (2009). Self-compassion versus global self-esteem: Two different ways of relating to oneself. *Journal of Personality*, 77(1), 23–50.
2. Zessin, U., Dickhäuser, O., & Garbade, S. (2015). The relationship between self-compassion and well-being: A meta-analysis. *Applied Psychology: Health and Well-Being*, 7(3), 340–364.
3. Breines, J. G., & Chen, S. (2012). Self-compassion increases self-improvement motivation. *Personality and Social Psychology Bulletin*, 38(9), 1133–1143.
4. Rosenberg, M. (1965). Rosenberg Self-Esteem Scale (RSE). *Acceptance and Commitment Therapy: Measures Package*, 61(52), 18.
5. Neff, K. D. (2003). The development and validation of a scale to measure self-compassion. *Self and Identity*, 2(3), 223–250.
6. Flett, G. L., Nepon, T., Hewitt, P. L., Swiderski, K., & Hal, C. (2023). Trait perfectionism, perfectionistic automatic thoughts, perfectionistic self-presentation, and self-compassion among students and mothers of young children. *Journal of Concurrent Disorders*, 5(1), 103.
7. Neff, K. D. (2003). The development and validation of a scale to measure self-compassion. *Self and Identity*, 2(3), 223–250.
8. MacInnes, D. L. (2006). Self-esteem and self-acceptance: An examination

into their relationship and their effect on psychological health. *Journal of Psychiatric and Mental Health Nursing*, 13(5), 483–489.

9   Wood, A. M., Linley, P. A., Maltby, J., Baliousis, M., & Joseph, S. (2008). The authentic personality: A theoretical and empirical conceptualization and the development of the Authenticity Scale. *Journal of Counseling Psychology*, 55(3), 385.

10 Wood, A. M., Linley, P. A., Maltby, J., Baliousis, M., & Joseph, S. (2008). The authentic personality: A theoretical and empirical conceptualization and the development of the Authenticity Scale. *Journal of Counseling Psychology*, 55(3), 385.

11 Lythcott-Haims, J. (2015). *How to raise an adult: Break free of the overparenting trap and prepare your kid for success.* Henry Holt and Company.

12 Bradshaw, E. L., Duineveld, J. J., Conigrave, J. H., Steward, B. A., Ferber, K. A., Joussemet, M., & Ryan, R. M. (2024). Disentangling autonomy-supportive and psychologically controlling parenting: A meta-analysis of self-determination theory's dual process model across cultures. *American Psychologist*.

13 Deci, E. L., & Ryan, R. M. (1985). The general causality orientations scale: Self-determination in personality. *Journal of Research in Personality*, 19(2), 109–134.

14 Diamond, A. (2013). Executive functions. *Annual Review of Psychology*, 64(1), 135–168.

15 Gong, X., & Wang, C. (2023). Interactive effects of parental psychological control and autonomy support on emerging adults' emotion regulation and self-esteem. *Current Psychology*, 42(19), 16111–16120.

16 Wehmeyer, M. L., & Shogren, K. A. (2020). The development of choice-making and implications for promoting choice and autonomy for children and youth with intellectual and developmental disabilities. *Choice, Preference, and Disability: Promoting Self-Determination Across the Lifespan.* 179–194.

17 Johansen, M. O., Eliassen, S., & Jeno, L. M. (2023, March). The bright and dark side of autonomy: How autonomy support and thwarting relate to student motivation and academic functioning. In *Frontiers in Education* (Vol. 8, p. 1153647). Frontiers Media SA.

Step 5

1. Kamins, M. L., & Dweck, C. S. (1999). Person versus process praise and criticism: Implications for contingent self-worth and coping. *Developmental Psychology*, 35(3), 835.
2. Carmo, C., Oliveira, D., Brás, M., & Faísca, L. (2021). The influence of parental perfectionism and parenting styles on child perfectionism. *Children*, 8(9), 777.
3. Baumrind, D. (1967). Child care practices anteceding three patterns of preschool behavior. *Genetic Psychology Monographs*.
4. Henderlong, J., & Lepper, M. R. (2002). The effects of praise on children's intrinsic motivation: A review and synthesis. *Psychological Bulletin*, 128(5), 774.
5. Saddler, C. D., & Sacks, L. A. (1993). Multidimensional perfectionism and academic procrastination: Relationships with depression in university students. *Psychological Reports*, 73(3), 863–871.
6. Klassen, R. M., Krawchuk, L. L., & Rajani, S. (2008). Academic procrastination of undergraduates: Low self-efficacy to self-regulate predicts higher levels of procrastination. *Contemporary Educational Psychology*, 33(4), 915–931.
7. Steel, P. (2007). The nature of procrastination: A meta-analytic and theoretical review of quintessential self-regulatory failure. *Psychological Bulletin*, 133(1), 65.
8. Hewitt, P. L., & Flett, G. L. (1991). Perfectionism in the self and social contexts: Conceptualization, assessment, and association with psychopathology. *Journal of Personality and Social Psychology*, 60(3), 456.
9. Ferrari, J. R., & Scher, S. J. (2000). Toward an understanding of academic and nonacademic tasks procrastinated by students: The use of daily logs. *Psychology in the Schools*, 37(4), 359–366.
10. Robin, A. L., Koepke, T., & Moye, A. (1990). Multidimensional assessment of parent-adolescent relations. *Psychological Assessment: A Journal of Consulting and Clinical Psychology*, 2(4), 451.
11. Frost, R. O., Marten, P., Lahart, C., & Rosenblate, R. (1990). The

dimensions of perfectionism. *Cognitive Therapy and Research*, 14, 449–468.

12 Treves, I. N., Li, C. E., Wang, K. L., Ozernov-Palchik, O., Olson, H. A., & Gabrieli, J. D. (2023). Mindfulness supports emotional resilience in children during the COVID-19 pandemic. *PLOS ONE*, 18(7), e0278501.

13 Grolnick, W. S., Friendly, R. W., & Bellas, V. M. (2009). Parenting and children's motivation at school. In *Handbook of Motivation at School*(pp. 293–314). Routledge.

14 Ginsburg, G. S., & Bronstein, P. (1993). Family factors related to children's intrinsic/extrinsic motivational orientation and academic performance. *Child Development*, 64(5), 1461–1474.

15 Kerns, K. A., Klepac, L., & Cole, A. (1996). Peer relationships and preadolescents' perceptions of security in the child-mother relationship. *Developmental Psychology*, 32(3), 457.

16 Leahy, R. L. (2001). The construction of the self: A developmental perspective. *Journal of Cognitive Psychotherapy*, 15(4), 383.

17 Campbell, J. D., Trapnell, P. D., Heine, S. J., Katz, I. M., Lavallee, L. F., & Lehman, D. R. (1996). Self-concept clarity: Measurement, personality correlates, and cultural boundaries. *Journal of Personality and Social Psychology*, 70(1), 141.

18 Showers, C. J., & Zeigler-Hill, V. (2007). Compartmentalization and integration: The evaluative organization of contextualized selves. *Journal of Personality*, 75(6), 1181–1204.

19 Gottman, J. (2018). *The seven principles for making marriage work*. Hachette UK.

20 Gottman, J. M., & Levenson, R. W. (1992). Marital processes predictive of later dissolution: Behavior, physiology, and health. *Journal of Personality and Social Psychology*, 63(2), 221.

21 Spalding, K., et al. (2013). Dynamics of hippocampal neurogenesis in adult humans. *Cell*, 153, 1219–1227.

22 Grolnick, W. S., Ryan, R. M., & Deci, E. L. (1991). Inner resources for school achievement: Motivational mediators of children's perceptions of their parents. *Journal of Educational Psychology*, 83(4), 508.

23 Bruner, J. (1987). Life as narrative. *Social Research*,11–32.

24 Larsen, J. T., & McGraw, A. P. (2011). Further evidence for mixed emotions. *Journal of Personality and Social Psychology*, 100(6), 1095.

25 Steinberg, L. (2001). We know some things: Parent-adolescent relationships in retrospect and prospect. *Journal of Research on Adolescence*, 11(1), 1-19.

26 Eisenberg, N., Cumberland, A., & Spinrad, T. L. (1998). Parental socialization of emotion. *Psychological Inquiry*, 9(4), 241-273.

27 Eisenberg, N., Spinrad, T. L., & Eggum, N. D. (2010). Emotion-related self-regulation and its relation to children's maladjustment. *Annual Review of Clinical Psychology*, 6(1), 495-525.

28 Cohn, M. A., Fredrickson, B. L., Brown, S. L., Mikels, J. A., & Conway, A. M. (2009). Happiness unpacked: Positive emotions increase life satisfaction by building resilience. *Emotion*, 9(3), 361.

29 Tugade, M. M., & Fredrickson, B. L. (2004). Resilient individuals use positive emotions to bounce back from negative emotional experiences. *Journal of Personality and Social Psychology*, 86(2), 320.

Step 6

1 Bandura, A. (1977). Self-efficacy: Toward a unifying theory of behavioral change. *Psychological Review*, 84(2), 191.

2 Bandura, A. (1982). Self-efficacy mechanism in human agency. *American Psychologist*, 37(2), 122.

3 Zimmerman, B. J. (1990). Self-regulated learning and academic achievement: An overview. *Educational Psychologist*, 25(1), 3-17.

4 Schunk, D. H., & DiBenedetto, M. K. (2022). Academic self-efficacy. In M. J. Furlong (Ed.), *Handbook of positive psychology in schools*(pp. 268-282). Routledge.

5 Saks, K. (2024). The effect of self-efficacy and self-set grade goals on academic outcomes. *Frontiers in Psychology*, 15,1324007.

6 Rotter, J. B. (1966). Generalized expectancies for internal versus external control of reinforcement. *Psychological Monographs: General and Applied*, 80(1), 1.

7 Benassi, V. A., Sweeney, P. D., & Dufour, C. L. (1988). Is there a relation

between locus of control orientation and depression? *Journal of Abnormal Psychology*, 97(3), 357.

8. Findley, M. J., & Cooper, H. M. (1983). Locus of control and academic achievement: A literature review. *Journal of Personality and Social Psychology*, 44(2), 419.

9. Pomerantz, E. M., Grolnick, W. S., & Price, C. E. (2005). The role of parents in how children approach achievement: A dynamic process perspective. In A. J. Elliot & C. S. Dweck (Eds.), *Handbook of competence and motivation*(pp. 229-278). Guilford Publications.

10. Weiner, B. (1972). Attribution theory, achievement motivation, and the educational process. *Review of Educational Research*, 42(2), 203-215.

11. Heider, F. (2013). *The psychology of interpersonal relations*. Psychology Press.

12. Dweck, C. S. (1999). What promotes adaptive motivation? Four beliefs and four truths about ability, success, praise, and confidence. In *Self Theories: Their role in motivation, personality, and development* (pp. 1-4). Psychology Press.

13. Neisser, U., Boodoo, G., Bouchard, T. J., Jr., Boykin, A. W., Brody, N., Ceci, S. J., ... & Urbina, S. (1996). Intelligence: Knowns and unknowns. *American Psychologist*, 51(2), 77.

14. Segrin, C., Woszidlo, A., Givertz, M., & Montgomery, N. (2013). Parent and child traits associated with overparenting. *Journal of Social and Clinical Psychology*, 32(6), 569-595.

15. Perez, C. M., Nicholson, B. C., Dahlen, E. R., & Leuty, M. E. (2020). Overparenting and emerging adults' mental health: The mediating role of emotional distress tolerance. *Journal of Child and Family Studies*, 29, 374-381.

16. Grolnick, W. S., & Ryan, R. M. (1989). Parent styles associated with children's self-regulation and competence in school. *Journal of Educational Psychology*, 81(2), 143.

17. Mueller, C. M., & Dweck, C. S. (1998). Praise for intelligence can undermine children's motivation and performance. *Journal of Personality and Social Psychology*, 75(1), 33.

18. Neumeister, K. L. S., & Finch, H. (2006). Perfectionism in high-ability students: Relational precursors and influences on achievement motivation.

The Gifted Child Quarterly, 50(3), 238–273.
19. Yeager, D. S., et al. (2019). A national experiment reveals where a growth mindset improves achievement. *Nature, 573*(7774), 364–369.
20. Walton, G. M., & Wilson, T. D. (2018). Wise interventions: Psychological remedies for social and personal problems. *Psychological Review,* 125, 617–655.
21. Dweck, C. (2016). *Mindset: The new psychology of success.* Ballantine Books.
22. Bolhuis, J. J., Brown, G. R., Richardson, R. C., & Laland, K. N. (2011). Darwin in mind: New opportunities for evolutionary psychology. *PLOS Biology,* 9(7), e1001109.
23. Lewis, M., & Brooks-Gunn, J. (1979). Mirror representations of self. In *Social cognition and the acquisition of self* (pp. 29–68). Springer.
24. Bandura, A. (1997). *Self-efficacy: The exercise of control.* Macmillan.

Step 7

1. Luthar, S. S. (2015). Resilience in development: A synthesis of research across five decades. In D. Cicchetti (Ed.), *Developmental psychopathology: Volume three: Risk, disorder, and adaptation* (pp. 739–795). Wiley.
2. Armstrong, M. I., Birnie-Lefcovitch, S., & Ungar, M. T. (2005). Pathways between social support, family well-being, quality of parenting, and child resilience: What we know. *Journal of Child and Family Studies,* 14, 269–281.
3. Rutter, M. (1987). Psychosocial resilience and protective mechanisms. *American Journal of Orthopsychiatry,* 57(3), 316–331.
4. Newland, L. A. (2014). Supportive family contexts: Promoting child well-being and resilience. *Early Child Development and Care,* 184(9–10), 1336–1346.
5. Dou, D., Shek, D. T., Tan, L., & Zhao, L. (2023). Family functioning and resilience in children in mainland China: Life satisfaction as a mediator. *Frontiers in Psychology,* 14, 1175934.
6. Trong Dam, V. A., et al. (2023). Associations between parent-child relationship, self-esteem, and resilience with life satisfaction and mental well-being of adolescents. *Frontiers in Public Health,* 11, 1012337.
7. Andrews, F. M., & Withey, S. B. (2012). *Social indicators of well-being:*

Americans' perceptions of life quality. Springer.
8   Gilman, R., & Huebner, S. (2003). A review of life satisfaction research with children and adolescents. *School Psychology Quarterly*, 18(2), 192.
9   Gavidia-Payne, S., Denny, B., Davis, K., Francis, A., & Jackson, M. (2015). Parental resilience: A neglected construct in resilience research. *Clinical Psychologist*, 19(3), 111–121.
10 Masten, A. S. (2002). Resilience in development. In C. R. Snyder & S. J. Lopez (Eds.), *Handbook of positive psychology* (pp. 74–88). Oxford University Press.
11 Skinner, E. A., & Zimmer-Gembeck, M. J. (2016). Coping as action regulation under stress. In E. A. Skinner & M. J. Zimmer-Gembeck (Eds.), *The development of coping: Stress, neurophysiology, social relationships, and resilience during childhood and adolescence* (pp. 3–25). Springer.
12 Luthar, S. S., Cicchetti, D., & Becker, B. (2000). The construct of resilience: A critical evaluation and guidelines for future work. *Child Development*, 71(3), 543–562.
13 Cutuli, J. J., & Herbers, J. E. (2014). Promoting resilience for children who experience family homelessness: Opportunities to encourage developmental competence. *Cityscape*, 16(1), 113–140.
14 Black, V., et al. (2020). Reducing seclusion and restraint in a child and adolescent inpatient area: Implementation of a collaborative problem-solving approach. *Australasian Psychiatry*, 28(5), 578–584.
15 Land, G., & Jarman, B. (1992). *Breakpoint and beyond: Mastering the future today*. Harper Collins.
16 Kolb, D. A. (2014). *Experiential learning: Experience as the source of learning and development*. FT Press.
17 Erikson, E. H. (1994). *Identity and the life cycle*. WW Norton.
18 Vygotsky, L. S. (1978). *Mind in society: The development of higher psychological processes*. Harvard University Press.
19 Sun, J., & Rao, N. (2012). Scaffolding preschool children's problem solving: A comparison between Chinese mothers and teachers across multiple tasks. *Journal of Early Childhood Research*, 10(3), 246–266.
20 Mulvaney, M. K., McCartney, K., Bub, K. L., & Marshall, N. L. (2006).

Determinants of dyadic scaffolding and cognitive outcomes in first graders. *Parenting: Science and Practice*, 6(4), 297–320.

21 Neitzel, C., & Stright, A. D. (2003). Mothers' scaffolding of children's problem solving: Establishing a foundation of academic self-regulatory competence. *Journal of Family Psychology*, 17(1), 147.

Step 8

1 Mischel, W., Ebbesen, E. B., & Raskoff Zeiss, A. (1972). Cognitive and attentional mechanisms in delay of gratification. *Journal of Personality and Social Psychology*, 21(2), 204.

2 Fiese, B. H., Tomcho, T. J., Douglas, M., Josephs, K., Poltrock, S., & Baker, T. (2002). A review of 50 years of research on naturally occurring family routines and rituals: Cause for celebration? *Journal of Family Psychology*, 16(4), 381.

3 Fiese, B. H., Tomcho, T. J., Douglas, M., Josephs, K., Poltrock, S., & Baker, T. (2002). A review of 50 years of research on naturally occurring family routines and rituals: Cause for celebration? *Journal of Family Psychology*, 16(4), 381.

4 Baumeister, R. F., Bratslavsky, E., Muraven, M., & Tice, D. M. (2018). Ego depletion: Is the active self a limited resource? In *Self-regulation and self-control* (pp. 16–44). Routledge.

5 Danziger, S., Levav, J., & Avnaim-Pesso, L. (2011). Extraneous factors in judicial decisions. *Proceedings of the National Academy of Sciences*, 108(17), 6889–6892.

6 Muraven, M., Baumeister, R. F., & Tice, D. M. (1999). Longitudinal improvement of self-regulation through practice: Building self-control strength through repeated exercise. *The Journal of Social Psychology*, 139(4), 446–457.

7 Muraven, M. (2010). Building self-control strength: Practicing self-control leads to improved self-control performance. *Journal of Experimental Social Psychology*, 46(2), 465–468.

8 Tversky, A., & Kahneman, D. (1983). Extensional versus intuitive reasoning:

The conjunction fallacy in probability judgment. *Psychological Review*, 90(4), 293.

9   Buehler, R., Griffin, D., & Peetz, J. (2010). The planning fallacy: Cognitive, motivational, and social origins. M. Zanna (Ed.), *Advances in experimental social psychology* (Vol. 43, pp. 1–62). Academic Press.
10 Buehner, M. J. (2014). Time and causality. *Frontiers in Psychology*, 5, 228.
11 Locke, E. A., & Latham, G. P. (1990). *A theory of goal setting & task performance*. Prentice-Hall.
12 Zheng, M., Marsh, J. K., Nickerson, J. V., & Kleinberg, S. (2020). How causal information affects decisions. *Cognitive Research: Principles and Implications*, 5, 1–24.
13 Simon, H. A. (1979). Rational decision making in business organizations. *The American Economic Review*, 69(4), 493–513.
14 Mischel, W., Ebbesen, E. B., & Raskoff Zeiss, A. (1972). Cognitive and attentional mechanisms in delay of gratification. *Journal of Personality and Social Psychology*, 21(2), 204.
15 Watts, T. W., Duncan, G. J., & Quan, H. (2018). Revisiting the marshmallow test: A conceptual replication investigating links between early delay of gratification and later outcomes. *Psychological Science*, 29(7), 1159–1177.
16 Kidd, C., Palmeri, H., & Aslin, R. N. (2013). Rational snacking: Young children's decision-making on the marshmallow task is moderated by beliefs about environmental reliability. *Cognition*, 126(1), 109–114.
17 Watts, T. W., Duncan, G. J., & Quan, H. (2018). Revisiting the marshmallow test: A conceptual replication investigating links between early delay of gratification and later outcomes. *Psychological Science*, 29(7), 1159–1177.
18 Duckworth, A., & Gross, J. J. (2014). Self-control and grit: Related but separable determinants of success. *Current Directions in Psychological Science*, 23(5), 319–325.
19 Casey, B. J., et al. (2011). Behavioral and neural correlates of delay of gratification 40 years later. *Proceedings of the National Academy of Sciences*, 108(36), 14998–15003.
20 Michaelson, L., De la Vega, A., Chatham, C. H., & Munakata, Y. (2013). Delaying gratification depends on social trust. *Frontiers in Psychology*, 4, 355.

21 Gross, J. J., & John, O. P. (2003). Individual differences in two emotion regulation processes: Implications for affect, relationships, and well-being. *Journal of Personality and Social Psychology*, 85(2), 348.

22 Flavell, J. H. (1979). Metacognition and cognitive monitoring: A new area of cognitive-developmental inquiry. *American Psychologist*, 34(10), 906.

23 Brown, A. L. (1987). Metacognition, executive control, self-regulation, and other more mysterious mechanisms. F. Weinert & R. Kluwe (Eds.), *Metacognition, motivation, and understanding* (pp. 65-116). Lawrence Erlbaum Associates.

24 Schraw, G., & Moshman, D. (1995). Metacognitive theories. *Educational Psychology Review*, 7, 351-371.

25 King, A. (1991). Effects of training in strategic questioning on children's problem-solving performance. *Journal of Educational Psychology*, 83(3), 307.

26 Mercer, N., & Howe, C. (2012). Explaining the dialogic processes of teaching and learning: The value and potential of sociocultural theory. *Learning, Culture and Social Interaction*, 1(1), 12-21.

27 Oh, D. J., Shin, Y. C., Oh, K. S., Shin, D. W., Jeon, S. W., & Cho, S. J. (2023). Examining the links between burnout and suicidal ideation in diverse occupations. *Frontiers in Public Health*, 11, 1243920.

에필로그

1 Diener, E. (1984). Subjective well-being. *Psychological bulletin*, 95(3), 542.

2 Diener, E., Lucas, R. E., & Scollon, C. N. (2006). Beyond the hedonic treadmill: revising the adaptation theory of well-being. *American psychologist*, 61(4), 305.

3 Waldinger, R., & Schulz, M. (2023). *The Good Life: Lessons from the World's Longest Scientific Study of Happiness*. Simon & Schuster.

그때 아이에게 들려줘야 할 말
Words That Wire Your Child's Future

초판 1쇄 발행 · 2025년 2월 28일
초판 2쇄 발행 · 2025년 4월 7일

지은이 · 윤여진
발행인 · 이종원
발행처 · (주)도서출판 길벗
주소 · 서울시 마포구 월드컵로 10길 56(서교동)
대표 전화 · 02)332-0931 **팩스** · 02)323-0586
출판사 등록일 · 1990년 12월 24일
홈페이지 · www.gilbut.co.kr **이메일** · gilbut@gilbut.co.kr

기획 및 책임편집 · 황지영(jyhwang@gilbut.co.kr) **편집** · 이미현
제작 · 이준호, 손일순, 이진혁 **마케팅** · 조승모, 이주연 **유통혁신** · 한준희
영업관리 · 김명자, 심선숙, 정경원 **독자지원** · 윤정아

디자인 · 어나더페이퍼 **교정교열** · 강은정
인쇄 및 제본 · 상지사

- 이 책은 저작권법의 보호를 받는 저작물로 이 책에 실린 모든 내용, 디자인, 이미지, 편집 구성은 허락 없이 복제하거나 다른 매체에 옮겨 실을 수 없습니다.
- 인공지능(AI) 기술 또는 시스템을 훈련하기 위해 이 책의 전체 내용은 물론 일부 문장도 사용하는 것을 금지합니다.
- 잘못 만든 책은 구입한 서점에서 바꿔드립니다.

ISBN 979-11-407-1269-4 (03590)
(길벗 도서번호 050230)

©윤여진, 2025

독자의 1초를 아껴주는 길벗출판사
(주)도서출판 길벗 | IT단행본, 성인어학, 교과서, 수험서, 경제경영, 교양, 자녀교육, 취미실용 www.gilbut.co.kr
길벗스쿨 | 국어학습, 수학학습, 주니어어학, 어린이단행본, 학습단행본 www.gilbutschool.co.kr